법무법인법승

이승우 변호사의
사건파일

YTN 라디오 생활 속 법률히어로
이승우 변호사의 **사건파일**

초판 1쇄 인쇄　2024년 3월 18일
초판 1쇄 발행　2024년 3월 30일

신고번호　제313-2010-376호
등록번호　105-91-58839

지은이　공동저자 대표 이승우(김나연, 김낙의, 김미강, 김범선, 김범원, 김상수, 김승현, 김정훈, 김한율, 문필성, 박세미, 박은국, 배슬찬, 성지현, 송지영, 신명철, 안성훈, 우지원, 이승환, 이조양, 임대현, 전성배, 최정아, 최지영)
대본감수　김승현

발행처　보민출판사
발행인　김국환
기획　김선희
편집　조예슬
디자인　김민정

ISBN　979-11-6957-119-7　03330

주소　경기도 파주시 해올로 11, 우미린더퍼스트@ 상가 2동 109호
전화　070-8615-7449
사이트　www.bominbook.com

• 가격은 뒤표지에 있으며, 파본은 구입하신 서점에서 교환해드립니다.
• 이 책은 저작권법에 의하여 보호를 받는 저작물이므로 무단 전재와 복사를 금합니다.

YTN 라디오 생활 속 법률히어로

법무법인법승

이승우 변호사의
사건파일

공동저자 대표 이승우
(김나연, 김낙의, 김미강, 김범선, 김범원, 김상수, 김승현, 김정훈, 김한울,
문필성, 박세미, 박은국, 배슬찬, 성지현, 송지영, 신명철, 안성훈, 우지원,
이승환, 이조양, 임대현, 전성배, 최정아, 최지영 | 대본감수 김승현)

사건 선정 기준

　2022년 4월 18일, 가평 계곡 살인사건을 주제로 YTN 라디오, 〈이승우 변호사의 사건파일〉의 시작을 알렸다. 법적인 어려움을 해결해줄 사건파일을 처음 열어본 시간이다. YTN 사건파일 라디오를 진행하면서 청취자들이 가장 필요로 하는 법률적 주제와 사건을 다루며, 법적 어려움과 궁금증, 해결방법을 풀어냈다. 라디오의 뜨거운 반응과 YTN 라디오 홈페이지에 사건을 제보하는 청취자들을 보니, 나아가 라디오를 청취하지 않는 사람들에게도 언제 찾아올지 모르는 법률적 상식을 알리고자 생각하였다. 이는 책 「이승우 변호사의 사건파일」의 출간으로까지 이어졌다.

　'사건파일 다시듣기' 가운데 조회수가 가장 높은 상위 30개의 사건을 엮어 도서를 출간하게 된 것이다. 생활 속 법률정보를 생생하고 쉽게 전달하는 것을 첫 번째 목적으로 하여, 음주운전, 보이스피싱, 학교폭력 등 우리에게 쉽게 찾아올 수 있는 생활과 밀접한 사건을 주로 다루었으며, 특정 인물 혹은 일시적인 이슈를 다룬 내용은 제외하였다. 이제 법적인 어려움을 해결해줄 생활 속 법률히어로, 이승우 변호사와 함께 떠나볼 시간이다.

목차

[사건 선정 기준]   4

01. 우울증 앓다 스스로 목숨 끊었다면, 보험금 받을 수 있나? | 신명철   8
02. 사기 연루될 우려 높은 '내구제 대출' 주의보! | 김승현   16
03. 음주운전 법원의 선처는 재범 기회 아냐 | 신명철   22
04. 공용현관도 주거침입죄 인정? | 김범선   29
05. 나도 모르게 보이스피싱 가담… 처벌받을까? | 김상수   35
06. 한 해 소년범 1만 명, 촉법연령 낮추면…? | 김범선   42
07. 성적 의도 없이 한 성희롱도 '통매음'으로 처벌된다! | 김나연   50
08. 가정폭력 남편 살해한 아내 집행유예… 왜? | 김낙의   57
09. 루나, 테라 사건 사기죄로 처벌 가능 | 배슬찬   63
10. 호기심에 한 '랜덤채팅', '미성년자 성범죄'에 연루되었다면? | 이조양   72
11. 청바지 뒤태 사진만 5천 장… 대법판결은? | 김상수   79
12. 의료사고 CCTV 안 줄 땐 이것부터 확보 | 신명철   86
13. 불황기 채권회수 팁은? | 김한울   93
14. 닿지도 않았는데 뺑소니? 무조건 하차 | 박은국   99
15. "왜 월급 안 줘요?" vs. "회사가 어려워서"… 법적 대응한다 | 최정아   107
16. 조두순, 이영학, 강호순 공통점? '돌물하대' | 박세미   113
17. 노예놀이? 끔찍한 그루밍 성범죄 | 김낙의   121
18. "핸드폰으로 때리면 특수폭행… 소화기는 단순폭행?" | 문필성   128
19. 억울한 학교폭력 처분, 불복과 시정 절차는? | 안성훈   136
20. 십 년간 외손녀 성폭행 할아버지, 가중처벌은… | 김정훈   143

21. 마약과의 전쟁, 우리나라 마약사범 처벌 수위는? | 송지영　　　　151
22. 우리나라에서 동물학대는 솜방망이 처벌? | 김미강　　　　　158
23. 중대재해처벌법 첫 실형, 산업재해 손해배상은? | 임대현　　　166
24. 13년간 양육비 안 준 무책임 배우자에게 양육비 받으려면 | 김범원　173
25. 여름철 늘어나는 몰래카메라 범죄, 대응방법은? | 이승환　　　180
26. 성범죄 무고 증명하려 녹음? 오히려 증거로… | 전성배　　　　189
27. SNS로 접근해 돈 뜯어내는 '로맨스스캠' | 우지원　　　　　　197
28. 아직도 갈 길 먼 동물보호법 | 최지영　　　　　　　　　　　204
29. 여수 졸음쉼터 살인사건의 미스터리 | 성지현　　　　　　　211
30. 허벅지에 돌을 쾅, 여수 졸음쉼터 살인사건 | 김낙의　　　　216

법무법인법승

이승우 변호사의
사건파일

01

우울증 앓다 스스로 목숨 끊었다면, 보험금 받을 수 있나?

사망 보험금

진행 : 이승우 변호사
대담 : 신명철 변호사

(1) 오늘의 주제

이승우 변호사(이하 이승우) 많은 사람들이 만약을 대비하여 자신이 사망할 경우 피보험자에게 보험금을 지급하도록 계약하는 사망보험을 많이 들고 있습니다. 여기서 문제는 우리나라 자살률이 OECD 회원국 1위라는 것을 알 정도로 자살사건들이 여전히 증가하고 있고, 우리 주변 지인들의 비극적 소식도 종종 접하곤 합니다. 이와 같은 자살의 경우 사망보험은 보험금이 지급되지 않는다는 면책조항이 약관에 있는데, 이 해석 및 적용과 관련하여 의견이 분분하여 이 주제를 다루어보고자 합니다.

이승우 자살사망 보험금 관련 기사를 살펴보면, 자살도 본인의 의지에 의하지 않은 채 목숨을 끊은 자사(自死)라는 것과 계획하고 의도적으로 자기 목숨을 끊은 자살(自殺)로 구분된다고 하는데, 맞나요?

신명철 변호사(이하 신명철) 사실은 이러한 분류가 관련 법률하고 판례에서 보험금 면책상황에 대해서 자사나 자살로 분류하여 규정하고 있어서, 이렇게 구분을 하는 것 같습니다.

이승우 그럼 자살이 아닌 자사라면 보험금을 받을 수 있다는 의미네요. 사건을 만나보기 전에, 관련 법률은 어떻게 되어있나요?

신명철 구체적으로 관련 법률을 살펴보면, 일반적으로 보험사고가 보험계약자 또는 피보험자나 보험수익자의 고의 또는 중대한 과실로 인하여 생긴 때에는 보험사는 보험금액을 지급할 책임이 없습니다(상법 제659조 제1항).

이승우 지급으로 친다면 보험사고라는 것이 사망의 결과를 말하는 거죠?

신명철 네, 일반적으로 그렇습니다. 그러나, 상법에서 사망을 보험사고로 한 보험계약에서 사고가 보험계약자 또는 피보험자나 보험수익자의 중대한 과실로 인하여 생긴 경우에도 보험사는 보험금액을 지급할 책임을 면하지 못한다고 규정이 되어있습니다.

이승우 일반적인 보험사고에서는 고의 중과실이 있으면 면책이 된다. 그러니까 보험회사가 보험금을 지급하지 않아도 된다는 면책이 걸리는데, 사망을 보험사고로 할 경우, 고의의 경우에만 보험사는 면책이 되고, 중과실일 경우에도 면책을 시킬 수는 없다.

신명철 네, 그래서 사망을 보험사고로 하는 보험계약에서 반대 해석을 하면 고의로 인한 사고의 경우에는 보험금을 지급할 책임이 없게 되는데요. 그 이유는 이렇게 보험금이 지급되면 보험계약의 보험금 취득 등 부당한 목적으로 이용될 가능성이 있기 때문입니다. 따라서 자살사건의 경우 '중대한 과실'에 대해서 대법원은 '정신질환 등으로 자유로운 의사결정을 할 수 없는 상태에서 사망의 결과를 발생하게 되었다면 이 면책 사유에 해당되지 않는다'라고 판시를 하고 있습니다. 사실 고의에 의한 자살은 보험금 지급의 면책사유가 되기 때문에 피보험자 등은 보험금을 받을 수 없게 되고요. 그래서 이런 분쟁에서의 핵심은 그 자살이 고의냐, 아니면 중대한 과실로 인한 것이냐라는 부분이 핵심이 됩니다.

실제 사건

이 교사는 숙제를 안 해온 학생의 귀밑 머리카락을 잡아당긴 일이 있었는데, 이 일로 학부모가 매일 저녁 교사에게 전화하여 폭언과 막말을 하고 반 아이들에게 안 좋은 이야기를 하여 심한 스트레스를 받아왔다. 이에 우울증 진단으로 약 2달간 치료받았고, 이후 매년 가을 무렵 우울증을 호소하였다. 봄까지 월 1회 가량 정신과 치료를 받으면서 상담 중 죽고 싶다는 이야기하기도 하였다. 경찰은 이러한 진료기록을 확인한 후 우울증에 의한 자살로 내사종결하였으나, 보험사는 사망보험금 면책조항에 해당한다는 이유로 지급을 거부하였다.

1, 2심에서 법원은 망인이 자살할 당시에 가족과 정상적으로 대화를 하였었고, 심리상태가 급격히 불안정한 상태에 있었다고 인정할 만한 사정이 엿보이지 않는다. 따라서 사망 당시 우울증이 있다고만 해서 그것이 어떤 극도의 흥분상태나 정신적 공황상태에서 자살했다고 보기 어렵다고 보아서 청구를 기각하였다.

이승우 1, 2심에서 망인이 불안정한 상태에서 자살한 것이 아니라고 봤는데, 대법원은 어떤 판단을 내렸나요?

신명철 대법원은 정신질환 등으로 자유로운 의사결정을 할 수 없는 상태에서의 사망이었는지 여부를 어떻게 판단하느냐에 대해서 판시를 하였습니다. 자살자의 나이와 성행, 자살자의 신체적, 정신적 심리상황, 그 정신질환의 발병 시기, 그 진행 경과와 정도 및 자살에 즈음한 시점에서의 구체적인 상태, 자살자를 에워싸고 있는 주위상황과 자살 무렵의 자살자의 행태, 자살행위의 시기 및 장소, 기타 자살의 동기, 그 경위와 방법 및 태양 등을 종합적으로 고려하여 판단한다고 기준을 제시하였습니다.

이승우 유족 측에서 소송을 통하여 하나하나 입증하려면 사실은 굉장한 전문적인 준비가 있어야 할 것으로 보입니다. 적용된 내용에 대해서 좀 더 설명을 해주시죠.

신명철 이러한 사건의 경우는 의학적인 감정이나 전문적인 입증이 들어가는데요. 이 사건의 경우에 망인의 주치의가 사실조회 회신을 한 내용이 있었습니다. 그 주치의가 망인의 사망은 우울증의 대표적인 증상인 인지왜곡과 관련이 있는 것으로 추정하였고, 그래서 당시에 주치의가 이 망인에게 이러한 우려로 입원을 좀 권유하였다라고 진술을 하였고요. 망인의 경우에 공무원의 산업재해라고 볼 수 있는 공무상 재해도 사실 인정이 되지 않았었습니다. 그래서 별도로 행정소송을 제기했었는데, 그 사건에서는 법원이 망인이 질병치료와 학교업무 사이에 정신적으로 갈등하다가 우울증이 재발하면서 정신적인 억제력이 현저히 저하되고, 합리적 판단을 기대할 수 없는 상태로 빠져서 자살에 이르게 된 것이라고 판결하였습니다.

이승우 그러면 대법원은 일단 우울증하고 자살 당시에 불안정한 심리상태에 있다는 쪽으로 판단을 한 것으로 보이는데, 이렇게 되면 큰 변수 없이 유족들이 보험금을 받게 된 거죠?

신명철 그래서 대법원은 원심이 법리 오해를 했다고 해서 파기환송을 해야 되는데, 결론적으로는 보험금을 못 받았습니다. 소송을 좀 늦게 했기 때문입니다. 문제는 소멸시효였습니다. 보험금청구권은 2년간 행사하지 아니하면 소멸시효가 완성되고, 이 소멸시효의 기준은 특별한 다른 사정이 없는 한 원칙적으로 보험사고가 발생한 때부터 진행이 됩니다.

이승우 보험사고 발생 시로부터 2년 내에 보험금청구소송을 해야 한다. 그런 얘기인 거죠?

신명철 다만 예외사항이 있기는 합니다. 그런데 보험청구권자가 과실 없이 발생을 알 수 없었다면 그것을 인지한 때부터 진행한다고 보는데, 이 사건 같은 경우는 우울증으로 인한 단순자살로 내사종결이 되었고, 그다음에 별도의 소송으로 공무상 재해에 해당된다는 행정소송도 했는데, 이 소송은 그 행정소송이 끝나고 제기된 소송이었습니다. 따라서 대법원은 과실 없이 유족들이 보험사고 발생을 알 수 없었던 경우에 해당한다고 보기는 어렵습니다. 소멸시효가 완성됐다고 보았고, 결국은 상고를 기각했습니다.

법적 대응과 조력

이승우 보험사는 적극적으로 '면책' 주장을 하므로, 이 면책의 상당성에 대한 법리적인 다툼도 반드시 확인을 해보아야 합니다. 보험계약의 무효사유에 대한 다툼, 보험금 지급 면책사유의 탐색, 피해자를 압박하기 위한 채무부존재 소송의 제기는 보험사에서 항상 적극적으로 검토하는 사유이며, 이를 위해 보험사에는 거대한 법무 담당조직이 있음을 기억할 필요가 있습니다.

신명철 자살사고라도 보험금이 무조건 면책된다는 생각을 하면 안 됩니다. 정신질환 등으로 자유로운 의사결정을 할 수 없는 상태에서 사망한 거라면 보험금을 청구할 수 있는 사안이 있습니다. 이것은 의료감정을 통해서 입증해야 하는데,

다만 보험청구권은 2년 이내에 소멸시효가 걸리기 때문에 반드시 기한 내에 신속하게 대응하는 게 중요하겠습니다.

방송일 : 2022년 12월 7일 (수요일)
#우울증 #사망보험금 #보험사고 #자살

02

사기 연루될 우려 높은 '내구제 대출' 주의보!

대출

진행 : 이승우 변호사
대담 : 김승현 변호사

(1) 오늘의 주제

이승우 변호사(이하 이승우) 법으로 허용하지 않는 불법 사금융은 사회적 필요를 등에 업고 급격히 팽창하며, 심각한 사회적 피해를 다수의 개인에게 야기하죠. 내구제 대출이 무엇이고, 어떠한 문제점이 있는지에 대해 알아보겠습니다.

이승우 '내구제 대출'이 무엇인지 모르시는 분들도 계실 것 같은데, 어떤 것인지 설명해주시죠.

김승현 변호사(이하 김승현) 최근 경기침체, 청년빈곤과 경제 양극화 문제가 심각해지면서 내구제 대출이 사회적 문제로 대두

되고 있습니다. 내구제 대출은 '나를 구제하는 대출'의 줄임말로 신용등급이 낮지만 급하게 돈이 필요한 사람이 본인 명의의 휴대전화나 유심(USIM)을 넘기고 30~50만 원의 일정 금액을 받는 불법 사금융 대출입니다. 휴대전화 등을 구매한 이들은 통신료 등이 부과되지 않는다고 피해자들을 속이지만 몇 달 뒤 피해자들은 통신료와 함께 막대한 소액결제 비용까지 부담해야 하는데, 많게는 1천만 원까지도 청구되는 경우도 발생하고 있어서 큰 문제가 되고 있습니다. 소액결제나 소액대출을 한도까지 받고 상환은 모두 피해자에게 떠넘기는 구조로 피해가 속출하고 있어 관련 법률상담 문의도 지속적으로 들어오는 추세입니다.

이승우 관련된 휴대전화 신용정보를 이용하여 한도까지 받나 보군요.

김승현 맞습니다. 관련된 휴대전화 신용정보를 이용하여 명의자 명의로 신용대출과 소액결제 등을 함께 받기도 합니다. 이러한 내구제 대출은 흔히 '폰테크', '휴대폰깡'이라고 불리며 당장 소액이 필요한 20대 청년층, 주부 등이 주 이용층이 되는데, 사실 '휴대폰깡'이라고 하는 단어는 약 20년 전부터 주기적으로 사회적 문제가 되어 왔습니다. 그럼에도 이십 년간 이렇게 불법적인 사금융이 횡행하고 있는 이유가 무엇인지 살펴보면, 금융감독원은 내구제 대출은 대법원

판례 등에 비추어볼 때 대부업법 등 금융 관련 법령의 적용 대상이 아니라는 이유로 그동안 관련 제재 등의 업무를 처리하지 않았습니다. 행정적 조치로 관할되면 포털 검색 키워드 금지처분이나 관련 업체를 단속하는 행정처분이 가능했을 텐데 그동안 금융감독원과 과학기술정보통신부 등 행정청이 서로 책임을 미루면서 현재까지 주무부서조차 없는 상황입니다.

이승우 내구제 대출이라고 검색해보니 어마어마하게 뜨더라고요. 폰테크나 휴대폰깡이라고 하니까 금방 딱 이해가 되는데, '휴대전화깡'은 검색이 안 되죠?

김승현 맞습니다. 지금 폰테크나 휴대폰깡 같은 경우에는 포털에 검색해보면 청소년 유해매체로 등록되어 있는 상태지만 이처럼 변종된 용어로 계속해서 똑같은 수법으로 불법 사금융 대출이 횡행하는 실정입니다.

이승우 금융감독원이랑 과학기술정보통신부는 관할 싸움을 하고 있다는 얘기시네요.

김승현 네, 맞습니다. 이처럼 사회 초년생이나 취업 준비생 등 주로 제도권 금융에서 대출이 불가능한 저신용자들을 대상으로 이러한 신뢰를 악용하는 내구제 대출이 앞서 말씀드린 행정청과 법의 사각지대를 이용하고 있고, 그 피해는 고스란히 희망이 없는 자들에게 돌아가고 있는 상황입니다.

이승우 본인 휴대전화를 이용해 대출을 받는 '내구제 대출'인데, 이것이 명백하게 불법인 것이죠?

김승현 네, 맞습니다. 명백한 불법행위로 규정을 하고 있고요. 내구제 대출의 경우 피해자를 범법자로 만들고 있습니다. 본인 명의의 휴대전화를 타인에게 양도하는 행위는 현행 전기통신사업법 제30조 및 제97조에 따라 1년 이하의 징역 또는 5천만 원 이하의 벌금으로 처벌하도록 규정하고 있습니다. 5천만 원 이하 벌금이라고 하니까 중대한 경제범죄 수준으로 상당히 중하게 처벌하고 있는 것으로 보이는데요. 이는 휴대전화가 보이스피싱 등 범죄조직에 넘어가는 상황을 예방하기 위한 조치지만 다소 높은 법정형으로 인해서 피해자의 신고를 가로막는 부작용을 낳고 있다는 입장도 있습니다. 또한 휴대전화가 보이스피싱 범죄에 제공되었다면, 경우에 따라 사기방조 혐의로 조사 및 처벌을 받을 위험성도 존재하고요. 계약자 본인이 휴대전화 대금을 납부하지 못하는 상황임을 인식하고도 이를 이용하고 통신요금을 연체하는 경우에는 통신사에 대한 사기혐의로 조사받을 우려도 존재합니다.

실제 사건

A는 인터넷을 검색하던 중 폰테크 업자 B에게 연락을 취했고 B에게 휴대전화 두 대를 개통해주며 그 대가로 현금 200만 원을 지급받았다. 월 10만 원씩 통신요금만 부담하면 된다고 한 B는 연락이 두절되었고, 이후 A는 통신요금을 비롯한 소액결제 등 약 581만 원을 납부해야 하는 상황에 통신요금 연체로 채무불이행자로 등록되었다. 이러한 사건은 민사사건이긴 하지만 본인이 통신요금, 소액결제 등을 납부할 만한 처지가 안 된다는 것을 알면서도 이러한 휴대전화 내구제 대출을 실행하였고, 통신요금 납부를 연체하였다고 한다면 추가적으로도 사기죄 혐의로도 조사받을 염려가 있는 사안이다.

나아가 두 번째로 C는 인터넷 게시글 중 '선불 유심 내구제'를 보고 D에게 연락을 했고, C는 신분증을 보내주며 선불 유심 제공 후 10만 원을 대가로 받았다. 몇 달 뒤 C 명의로 개통된 대포폰이 10여 개라는 수사기관의 연락을 받아 전기통신사업법 위반혐의로 조사받았으며, 벌금 300만 원형에 처해졌다.

법적 대응과 조력

이승우 대출이나 급전이 필요하여 내구제 대출에 유혹을 느끼는 사람들에게 예방방법이 있을까요?

김승현 이러한 유혹에 빠지지 않을 수 있는 가장 기본이 되는 예방대책은 내구제 대출이 범죄임을 깨닫고 이용하지 않는 것이라고 할 수 있습니다. 내구제 대출이 당장 급전이 필요한 이들에게 한 줄기 희망이 될 수 있으나, 추후 돌아오는 위약금, 소액결제 등 수십 배에 달하는 비용을 부담해야 할 뿐만 아니라 범죄 연루 가능성과 함께 전기통신사업법상 형사처벌을 받을 수 있는 시한폭탄임을 대대적인 홍보를 통해 알리고, 이를 유의하고 있어야 합니다. 또한, 현재 포털 사이트에 '휴대폰깡'을 검색하면 청소년 유해단어로 지정되어 위험성 경고가 나오지만, '내구제 대출', '폰테크'를 검색하면 이미지가 노출되고 있습니다. 이에 사전예방을 위한 포털 유해단어 지정, 포털 사이트와 소셜네트워크 기업의 책임성 강화, 휴대전화 개통회선 축소 등의 예방책이 필요합니다. 통신사에게 명의도용을 방지하기 위한 조치를 취할 의무를 강화하는 내용의 법률 개정 또한 필요할 것으로 보입니다.

방송일 : 2023년 5월 30일 (화요일)
#대출 #내구제대출 #폰테크 #휴대전화깡

03

음주운전 법원의 선처는
재범 기회 아냐

음주운전

진행 : 이승우 변호사
대담 : 신명철 변호사

(1) 오늘의 주제

이승우 변호사(이하 이승우)   술김에 하는 나쁜 행동은 다양하죠. 이처럼 가장 나쁜 행동 중의 하나가 음주운전입니다. 악한 자와 약한 자, 이 두 가지가 있다면 범죄자로서 누가 더 해로울까? 본 사건의 주제로 음주운전에 대해 파헤쳐 보도록 하겠습니다.

이승우   오늘 주제인 음주운전. 음주운전을 하면 안 된다는 사실을 모두 잘 알고 있겠지만, 변호사님께서 이 법 조항에 대해서 한번 정확하게 짚어주시죠.

신명철 변호사(이하 신명철) 도로교통법 제44조는 술에 취한 상태에서 자동차뿐만 아니라 자전거까지 운행을 금지하고 있습니다. 여기서 가장 중요한 것은 '술에 취한 상태의 기준'이 무엇이냐라고 볼 수 있는데요. 여기에 대해서는 도로교통법 제142조에 의해서 최소 0.03%부터 0.2%까지 구간을 나누어서 가중처벌하고 있습니다. 0.03%에서 0.08%까지는 1년 이하 징역이나 500만 원 이하 벌금, 0.08%에서 0.2%까지는 1년 이상 2년 이하의 징역이나 500만 원 이상 1천만 원 이하의 벌금, 그리고 0.2% 이상부터는 2년 이상 5년 이하의 징역이나 1천만 원 이상 2천만 원 이하의 벌금으로 가중처벌하고 있습니다.

이승우 사람들 사이에서 '술 한두 잔 먹고 가도 괜찮아'라는 말을 종종 듣게 되는데, 지금도 적용되는 사실입니까?

신명철 예전에는 혈중알코올농도가 0.05% 이상이면 음주운전으로 보았기 때문에 지금의 0.03%와 대조적인 수치입니다. 그래서 술 한두 잔 정도는 단속에 적발되지 않는 경우도 실제 있었습니다. 그런데 2019년 6월에 도로교통법이 개정 시행되면서 면허 정지제는 혈중알코올농도가 0.05%에서 0.03%로 변경되었습니다. 70kg인 성인 남성을 기준으로 소주 한 잔을 마시면 혈중알코올농도가 0.03%를 초과하게 됩니다. 따라서 술 한 잔만으로도 처벌할 수 있게 되었다.

사람들 사이에서 '술 한두 잔 정도 먹고 가도 괜찮아'라는 말은 이제는 적용되지 않는다는 것을 명심해야 합니다.

> **실제 사건**
>
> 의뢰인 같은 경우 세 번의 음주운전 전력이 있었다. 삼진아웃제라고 마지막 세 번째는 좀 가중처벌을 하고 있는데, 이 의뢰인도 마지막 세 번째에 징역형과 집행유예를 선고받았다. 집행유예는 형을 선고하되 일정 기간 형의 집행을 미뤄두었다가 그 기간이 경과하면 형 선고 효력이 상실되어 형 집행을 하지 않는 제도이다.
> 이 의뢰인이 집행유예 기간이 경과되니까 또다시 음주운전을 하게 된 것이다. 이러한 경우는 실형의 가능성이 매우 크다. 그러나 이 사건 같은 경우에는 의뢰인의 재범 가능성이 아주 낮고 반성의 태도를 보여주어 재판부를 설득할 수 있었고, 다시 집행유예를 선고받은 사례가 있다. 아주 각별한 선처를 받았다고 볼 수 있다.

이승우   집행유예 기간 후 또는 집행유예 기간에 속하는지에 따라서 음주운전에 대한 어떤 판단의 포인트가 되는 것 같은데요.

신명철   맞습니다. 앞의 사건은 집행유예 기간이 끝난 후에 다시 재범한 경우였지만 만약 이 의뢰인이 음주운전이 적발된 것이 그 집행유예 기간 중이었다면 얘기가 상당히 달라집니다. 집행유예 기간 중 법원은 다시 집행유예를 선고할 수 없다는 법리가 있어서, 이 경우에는 거의 실형 가능성이 아주 크다고 볼 수 있습니다. 그리고 또 형법 63조에 따라서 집행유예를 선고한 것이 효력을 잃고 다시 새롭게 선고받은 형이랑 그 집행유예 받은 형이랑 같이 합쳐져서 복역하게 되기 때문에 상당히 무거운 형벌이 집행되게 됩니다. 다만 기존 집행유예 판결이 최근 위헌 선고된 윤창호법에 따른 것이라면 재심청구를 할 수 있는데, 만약 새롭게 판결을 받아서 벌금이나 집행유예를 받았다면 그 집행유예 기간의 시기가 재심판결이 끝난 시기부터 다시 시작하기 때문에 다시 집행유예를 선고받을 수 있는 가능성이 조금이라도 생기기는 합니다. 실제로 이렇게 해서 수행한 사례들도 있었습니다.

이승우   집행유예가 선고되어 형이 확정된 때부터 계산하는 기산점 문제가 발생하게 되는데, **실제 집행유예 기간에 범죄가 발생한 것인지, 아닌지 따지는 문제에서의 여러 변수가 윤창호법이 위헌판결을 받은 것에 대한 재심판결 과정에서 또 변수가 될 수 있다**는 말씀이시네요. 여기서 윤창호법이 무엇인지 간략히 설명해주시죠.

신명철 2018년 부산에서 대학생 윤창호 씨가 군 휴가 중에 횡단보도에서 음주운전하는 차량에 치여 사망한 사건이 있었습니다. 도로교통법 제148조에 의해서 3회 이상 음주운전을 하면 가중처벌을 했었는데, 그 규정이 2회 이상 음주운전을 했을 때 가중처벌하는 것으로 개정되었습니다. 다만 이런 가중처벌과 관련하여 음주전력을 시간적 제한 없이, 예컨대 10년, 20년 전에 그런 전력들까지 다 적용해 가중처벌을 하다 보니 위헌 논란이 있었는데요. 그런 와중에 헌법재판소가 2021년 11월경에 이 도로교통법 제148조에 '윤창호법'이라 불리는 이 규정에 대해서 위헌결정을 하게 되었습니다. 요지는 음주전력을 카운팅하는 것에 있어서 시간적 제한을 두지 않고 무제한으로 가중처벌하는 것은 문제가 있다고 본 것입니다. 이런 위헌결정이 선고되면, 이 규정을 적용받았던 그 건들에 대해서는 헌법재판소법이 **적용되어 소급해서 다 무효가 되고, 재심대상이 됩니다.** 따라서 위의 사례 같은 경우에도 재심대상이 될 수 있고, 재심이 다시 이루어진다면 집행유예가 취소되는 것이기 때문에 집행유예 중에 다시 집행유예를 선고할 수 없다는 법리가 적용되지 않게 되는 것이죠.

이승우 윤창호법 위헌 나올 때까지 여러 논의가 있었고, 현재에도 입법과정을 통해서 어떻게 정리될 것인지 정확하게 정리가 안 되고 있지만, 2회 이상 위반한 사람에 대한 형사처벌의 필요성은 있다고 보는 견해가 강하다고 볼 수 있습니다. 다만 10년, 20년, 30년 등 상관없이 **두 번째면 무조건 가중처벌한다고 하는 부분은 헌법정신에 반한다고 본 것이** 헌법재판소의 판단내용이라고 생각하고 있습니다.

법적 대응과 조력

이승우 절차를 정확하게 확인하고 치열하게 반성하라. 하늘이 무너져도 솟아날 구멍이 있다. 음주운전과 관련된 일이 있어선 안 되지만 그렇다고 해서 절차를 포기하고 또 치열하게 반성하는 것까지 포기할 수는 없습니다. 이 점을 기억해주셨으면 합니다.

신명철 실제 음주운전 관련 상담을 받다 보면 재범뿐만 아니라 네 번째, 다섯 번째인 경우가 상당히 많습니다. 실제로 2021년 음주운전 전체 적발자 중에서 음주운전으로 2회 이상 적발된 운전자들의 비중이 45%로 나타났습니다. 따라서 제일 중요한 것은 당연히 음주 후에 운전을 삼가는 것이 가장 중요합니다. 혹여 잘못된 판단으로 음주운전을 해서 적발되었다면, 의뢰인에게 '한 번 더 재범하면 정말 저희가 방어해드리기 어렵다'라고 말씀드리는데요. 다시는 재범하지 않겠다는 의지를 가지고 법원에 반성과 진심을 보여주는 모습이 중요합니다. 처벌이 두려워서 음주단속을 거부하거나 도주하는 일도 자주 있는데, 때에 따라 구속영장이 청구될 수 있어 주의가 필요합니다.

이승우 법원의 선처를 재범 또는 3범을 하는 계기로 삼으면 안 됩니다. 음주운전은 당신을 흉기로 만들 수 있고, 당신이 사랑하는 사람들의 영혼을 갈기갈기 찢어버릴 수 있는 범죄입니다. 바로 지금 내려놓아야 합니다.

방송일 : 2022년 4월 25일 (월요일)
#음주운전 #재범 #혈중알코올농도 #윤창호법

04
공용현관도 주거침입죄 인정?

주거침입죄

진행 : 이승우 변호사
대담 : 김범선 변호사

(1) 오늘의 주제

이승우 변호사(이하 이승우)   여러 사람이 같이 거주하는 아파트나 다세대 주택 등에서 주거침입죄를 두고 갈등이 많이 일어나고 있습니다. 공동주택의 주거침입죄 성립 범위는 어디까지이고, 주거침입을 판단하는 기준이 무엇일까? 주거침입죄란 사람의 주거 또는 관리하는 장소의 평온과 안전을 침해하는 것을 내용으로 하는 범죄입니다. 구체적으로는 아파트, 빌라, 다세대 주택, 관리하는 건조물, 나아가 공용화장실의 용변칸도 대상이 될 수 있습니다. 또한, 이러한 장소에서 상대방으로부터 퇴거요구를 받고도 이에 응하지 않으면 마찬가지로 죄가 성립합니다.

실제 사건

피고인은 피해자와 잠시 교제하다가 다툼 이후로는 헤어진 사이였다. 이후 약 7개월이 지난 시점에서 사전 연락도 없이 교제하면서 피해자 집이 속한 아파트 동에 공동출입문 비밀번호를 입력하여 안으로 들어갔던 사안이다.

법원은 피고인에게 주거침입죄를 인정하였다. 그 근거로는 피해자가 피고인과 헤어진 이후 만남을 거부하였고, 피해자가 잠을 자고 있던 심야시간에 사전 연락도 없이 피해자와 교제 중 알게 된 공동현관의 비밀번호를 누르고 안으로 들어갔으며, 피해자 집 앞에 이르러서는 약 1분간 현관문의 비밀번호를 수차례 눌러 피해자의 집 안에 들어가려고 시도하였을 뿐 아니라 이에 피해자가 잠에서 깨어 '누구세요'라고 말하자, 피해자와 대면도 하지 않은 채 그대로 도주하였던 사정 등을 종합하여서 주거침입죄를 인정한 것이다.

이승우   이 사건에서 피고인은 여러 가지 행동을 하였는데, 어떤 행동부터 주거침입이 문제가 된다고 볼 수 있을까요?

김범선 변호사(이하 김범선)   피고인이 피해자와 교제하였던 중 알게 된 비밀번호를 공동출입 현관에서 누른 시점부터 행위

자체가 주거침입의 문제가 됩니다.

이승우 만약 피고인이 아파트 공동현관에 들어가지 않고 밖에서 피해자의 집을 보고만 있었다고 한다면 어떤 죄가 성립하게 됩니까?

김범선 입주자 대표회의에서 결의가 이루어진 경우, 아파트 공동현관에 들어가지 않았다고 하더라도 죄가 성립할 수 있습니다. 별도로 아파트 단지 내에서 입주민 외 이용금지라는 명표를 부착하여서 명시하거나 외부인이 함부로 출입할 수 없게 하는 인적, 물적 설비가 명확하게 되어있다면 처벌 받을 수 있습니다.

이승우 그렇다면, 여기서 문제는 아파트에 살지 않은 외부에서 놀러 온 아이들입니다. 아이들이 아파트에 놀러 와서 노는 것에 대하여 주거침입이라는 견해와 침입이 아니라는 견해가 있습니다. 이때 주거침입이 성립되는 겁니까?

김범선 결론부터 말씀드리면 주거침입죄가 성립하기는 어렵습니다. 단순히 아이들의 신체가 놀이터에 들어가는 행위 자체만 놓고 보면 거주자의 의사에 반한다고는 볼 수 있습니다. 그러나 이러한 주관적 사정만으로는 거주자의 사실상 평온이 침해되는 것은 아닙니다. 침입은 출입의 경위와 목적,

행위의 모습 등 전체를 놓고 판단하게 되는데, 과연 아이들이 단순히 놀이터에서 논 것을 두고 과연 거주자의 사실상 평온이 깨졌다고 보기는 어려울 것입니다. 또한, 아이들이 처음부터 놀이터가 출입이 금지된 장소인지 알았음에도 불구하고 놀이터에 들어가서 평온을 깨려고 하는 의사가 있었는지도 의문입니다.

이승우 아파트를 예를 들어 담벼락 혹은 어떤 여러 가지 형태를 통해 아파트 단지 전체를 감싸는 출입 통제시설이 있다고 할 경우라고 한다면, 주거침입이 성립할 수도 있다는 얘기로 들리기도 하는데요. 가령 주차장 시스템처럼 막아놓고 들어가는 사람과 나가는 사람을 체크하고, 들어갈 때 허락받고 들어가게끔 하는 형태라면 놀이터도 주거침입의 대상이 될 수도 있을 것 같은데요?

김범선 제 생각에는 주거침입의 대상이 될 수는 있지만, 일반적인 형사범죄가 그러한 객관적 구성요건만으로 성립하는 것은 아니며, 행위자의 주관적인 고의나 미필적 고의가 인정되어야 하기 때문에 아이들에게 어떤 고의와 미필적 고의를 인정할 수 있는지는 추가적으로 검토되어야 할 부분인 것 같습니다.

이승우 그러나 대부분의 주거침입 관련해서 공동현관을 두드리고 들어간 사건이나 주차장 내에서의 차량 세차인의 진입사건에서도 의사와 상관없이 또 대법원은 주거침입의 고의가 있다고 인정했던 사안들이 벌금형 판결 선고한 것들이 있잖아요?

김범선 일단은 최근 들어 개인의 사적 공간을 넘어 일반 아파트 단지 내에 놀이터조차 사실상의 평온을 해치는 것이라고 해서 과연 이 아이들이 제대로 인지하고 한 행위인지, 그리고 이것을 과연 국가가 나서서 이 아이들을 처벌할 문제인가는 의문이 드는 것 같습니다.

법적 대응과 조력

이승우 주거침입죄. 주거의 평온. 거주자의 의사에 반해서 들어간 것이 중요한 것이 아닙니다. 주거에서 누릴 수 있는 사실상의 평온, 그 평온한 상태 자체를 보호하는 것이기 때문에 주거에 들어갔는지, 안 들어갔는지가 중요하다는 것을 기억하면 됩니다.

김범선 나의 공용공간에 주거침입이 발생했다 혹은 침입을 당하는 것 같다는 느낌이 들거나 생각이 들 때는 바로 112에 신고해야 합니다. 주거침입죄에 있어서는 현장에서 가해자를 체포할 수 있도록 해야 하지만 만약 현장에서 적발하지 못한다면, 수사기관으로 하여금 해당 범행이 찍힌 CCTV나 주차되어 있는 차량의 블랙박스 영상 등 객관적 증거들을 확보하는 것이 중요합니다. 이후에는 형사전문 변호사를 선임하여서 이 가해자에 대해서 고소를 진행하는 것을 적극 권유드립니다.

방송일 : 2022년 4월 22일 (금요일)
#주거침입죄 #주차장 #공동현관 #범죄

05

나도 모르게 보이스피싱 가담…
처벌받을까?

보이스피싱

진행 : 이승우 변호사
대담 : 김상수 변호사

(1) 오늘의 주제

이승우 변호사(이하 이승우) 보이지 않는 위험, 보이지 않는 손. 인간을 도구화시키는 그리고 조직화된 사기, 보이스피싱은 지금도 피해가 계속 이어지고 있습니다. 경찰청의 통계자료에 따르면 크게는 '기관 사칭형'과 '대출 사기형' 보이스피싱으로 구분되어서, 2016년경에는 총 건수는 약 1만 7천 건 정도였고, 피해 규모는 1,450억 원 정도였는데, 2020년경에는 총 건수가 약 3만 1천 건, 피해액 규모는 7천억 원 가까이 집계되고 있어서 피해사례가 가파르게 증가하고 있는 것을 알 수 있습니다.

이승우 국가에서도 피해 방지를 위해서 여러 가지 경로로 홍보를 하고 있고, ATM기에도 여기저기 경고 메시지가 붙어 있습니다. 그럼에도 불구하고 지속해서 보이스피싱이 발생하는 이유는 무엇인가요?

김상수 변호사(이하 김상수) 이유는 사실 단순합니다. 지속적으로 신종수법이 등장하고 있고, 더욱더 많은 범행시도가 있기 때문입니다. 보이스피싱 범죄조직에서 한 명의 전화상담원이 하루에 200명 정도의 잠정 피해자들에게 연락을 돌리는데, 그중에서 사실 두세 명만 기망행위에 속는다고 하여도 보통 1인 이체한도인 600만 원에서부터 수천만 원에 달하는 금액을 편취할 수 있기 때문에 조직 입장에서는 소위 가성비가 좋아서 지속적으로 신종수법을 개발하고 있는 것입니다. 또 최근에는 대환대출 사기형식으로 금전적으로 금융권 대출이 힘든 분들에게 일단 대출금을 현금으로 갚으면 대부업체에서 대출을 받을 수 있다고 해서 경제적으로 어려운 피해자들에 대한 피해가 늘어나고 있습니다.

실제 사건

보이스피싱 조직에 속아서 인출책이나 전달책으로 이용당한 사안으로 본 사건은 최근 진행 중인 사건이다. 25세의 구직자가 사이트에 공개 이력서를 올려놓았는데, 부동산 경매회사라고 하면서 연락이 온 것이다. 주민등록등본 등 개인정보를 보내라고 하였으며, 담당업무는 '경매물건 시장조사'라고 설명을 들었다. 그러고 나서 채용안내를 하고 실제로 시장조사를 하는 것처럼 2주에서 한 달 정도는 여기저기 돌아다니면서 현장조사를 하고 보고서를 제출하는 일을 하게 되었다. 그러다 어느 날 경매물건의 차입금이라는 명목으로 고객으로부터 현금을 좀 수금해 오라고 그런 지시를 받았고, 돈을 받을 때 보여주라고 금융권이 발행한 완납영수증이라는 걸 보내주고 의심하지 않도록 현장조사 업무도 꾸준히 할당하면서, 몇 번 돈을 받으러 갔다가 현장에서 체포되거나 경찰로부터 전화를 받게 된 사건이다.

이승우 내용 자체가 굉장히 정교하게 느껴지고, 범죄에 포섭된 것인지 전혀 판단할 길이 없을 것같이 느껴지는 내용인데요. 이 사건 지금은 어떻게 진행되고 있습니까?

김상수 이 사건은 여러 건의 피해 신고가 접수되면서 아직은 검찰 수사 단계에 있습니다. 어려운 점은 사실 이런 상황에서는 무고함을 주장한다고 하더라도 요즘 수사기관이나 법원에서는 확실히는 몰랐다고 하더라도 미필적 고의가 있었다고 판단하면서 초범이라도 전원 합의가 되지 않으면 중한 실형을 선고받게 된다는 것입니다. 제가 생각하기에는 일반적인 사기의 경우보다 금액에 비해서는 사실 형량은 상당히 중하다고 느껴지는 편입니다. 그런데 결국, 판단을 하는 법원 내부에서는 중간자로 이용당하는 사람들의 처벌하는 것에 대해서 주범의 억제효과가 작고, 또 수사기관의 주범에 대한 근원적 수사독려가 필요하고, 또 잠재적 행동체계에 대한 범죄예방 효과도 미미합니다. 그런 이유로 회의적으로 보는 판사님들도 존재하지만, 아직은 소수인 것으로 알고 있습니다.

이승우 그럼 변호사님은 이런 사건 포인트를 어떻게 보십니까? 전달책이 '정말 몰랐다. 죄가 되는지 모르겠다' 등의 여러 문제가 있을 텐데 어떤 부분이 포인트입니까?

김상수 이 사건에서는 본인이 보이스피싱 범행에 이용당하고 있다는 사실을 알고 있었는지가 핵심인데, 실제로는 오히려 알 수 있었는지 혹은 피할 수 있었는지의 사실들이 더 중요하게 여겨집니다. 조사를 받으면서 수사기관의 질문 중에는 '정말 이용당하는 줄 몰랐어요? TV 안 봐요? 또 은행에서 ATM에서 돈 인출할 때 경고문구를 안 읽어봤습니까?'

라는 질문이 항상 포함되곤 합니다. 그러나 경고문구는 사실 피해방지를 위한 경고문구가 대부분이고, 보이스피싱 전달책으로 이용되는 상황을 피하기 위한 경고문구는 거의 존재하지 않는 것으로 보입니다.

이승우 관점 자체에 대한 것을 피해자 보호에 대한 측면을 보여주는 것도 중요하겠지만 보이스피싱 범죄에 이용되거나 또는 전달책으로 사용되어 방조, 또는 공모 단계로 들어갈 수 있는 사람들도 차단하거나 중단시킬 수 있는 표시문구들을 적극적으로 같이 게재하면 어떤가라는 생각이 드신다는 거네요. 그렇다면 이렇게 전달책이 검거되면 어느 정도의 처벌을 받게 됩니까?

김상수 피해자 숫자나 금액별로 명확하게 정해진 기준은 없지만 최근 4명의 피해자들로부터 4,300만 원을 수금한 경우, 그리고 또 5명의 피해자로부터 8천여만 원을 수금한 경우에는 한 1년 6개월 정도의 실형을 선고받은 사례가 있습니다. 이와 함께 9명의 피해자들로부터 2억 1천만 원을 수금한 경우에는 징역 2년 6개월의 실형을 선고받은 사례가 있습니다.

법적 대응과 조력

이승우 전달책의 혐의는 사기죄입니다. 이 사기죄가 조직적 사기라는 형태로 가중처벌되게 되는데, 결국 전달책을 했던 사람들은 적은 돈을 받고 1년 6개월, 2년 6개월이라는 엄청난 처벌을 받게 되죠. 그러한 점에 있어서 의심하고, 의심하고, 또 의심해야 합니다. 비싼 아르바이트를 의심해라.

김상수 알고도 당하는 보이스피싱을 방지하는 방법은 간단합니다. 일단 일당을 이례적으로 높게 준다는 업체는 피하고, 어떤 명목으로든 현금을 수금하거나 인출하는 대가로 일정 비율의 인센티브를 받는다면 일단은 의심해야 합니다.

김상수 보이스피싱은 대부분 피해자의 신고로 현장에서 체포되는 경우가 대부분입니다. 본인이 이용당했다는 사실을 자각한다고 해도 조만간 추적되어서 경찰에서 연락을 받게 될 것입니다. 이미 보이스피싱 조직에 속아서 이용당했다면 본인의 무고함을 소명하기 위해서는 본인이 일한 업체와의 통화녹음이나 주고받은 메시지, 이동수단이나 복장, 본인의 행위로 취한 이득 등 다양한 요소들을 소명해서 미필적 고의마저 없었다는 점에 대해서 입증을 해야 합니다. 이러한 과정에서 변호사의 조력이 없으면 순탄치 않은 과정이 될 수 있습니다.

방송일 : 2022년 5월 6일 (금요일)
#보이스피싱 #신종수법 #대환대출 #현금수거책

06

한 해 소년범 1만 명,
촉법연령 낮추면…?

소년범죄

진행 : 이승우 변호사
대담 : 김범선 변호사

(1) 오늘의 주제

이승우 변호사(이하 이승우) 우리 사회는 지금 신음하고 있습니다. 헤어날 수 없는 고통과 슬픔으로 삶이 매몰되고 있습니다. 형사법은 과연 우리를 위로할 수 있을까? 소년범, 소년범죄에 대해서 이야기 나눠보도록 하겠습니다.

이승우 최근 넷플릭스 '소년심판'이 화제죠. 소년심판은 촉법소년 제도를 다룬 드라마로 배우 김혜수(심은석 판사 역)의 극 중 '저는 소년범을 혐오합니다'라는 대사 또한 덩달아 이슈가 되었습니다.

김범선 변호사(이하 김범선)   드라마 '소년심판'이 화제되기 전까지는 우리 사회에서 소년범죄가 이슈되는 경우는 강도, 성폭행 등 강력범죄와 연루되었을 때인데요. 가령 2018년 인천에서 발생했던 인천 여중생 성폭행 사건과 2020년 대전에서 발생한 훔친 렌트카 차량으로 운전을 하던 촉법소년들이 아르바이트 배달을 하던 대학생을 치어 숨지게 한 사건이 대표적입니다. 이러한 사례들은 실제로 드라마 '소년심판'에서도 다루어지기도 했습니다.

이승우   촉법소년 자체에 대한 기준을 낮추자는 입법안이 제안된 것 같은데요. 그럼 변호사님, 소년범이라는 것은 무엇을 의미합니까? 촉법소년하고 같은 의미입니까?

김범선   소년범이란 죄를 저지른 19세 미만의 소년을 일컫는 말로, 만 10세 미만의 범법소년, 만 10세 이상 만 14세 미만의 촉법소년, 만 14세 이상 만 19세 미만을 범죄소년으로 나이에 따라 구분 짓고 있습니다.

이승우   결국은 기준점이 형사책임 능력인 14살을 기준으로, 14살이 넘어서 아직 미성년자라고 하면 이제 범죄소년이라고 불러서 소년법 적용도 받고 그다음에 형사처벌도 받을 수 있는 것이죠? **그 밑에 그래서 10세에서 14세까지 이 구간 자체에 대해서 촉법소년이라고 불러서, 범죄행위를 해도**

형사처벌을 받지는 않지만, 소년보호처분을 받을 수 있는 이런 형태로 우리가 이렇게 이제 하고 있는데.

김범선 10살 미만 범법소년은 범죄를 저질러도 형사책임은 물론 어떠한 처벌도 받지 않습니다. 다만 촉법소년의 경우에는 형사책임을 지지 않는다는 것은 동일하지만 대신 소년법에 의해 보호처분을 받게 된다는 차이가 있습니다.

이승우 몇 년 전부터 촉법소년에 대한 보도가 계속 나오고 있는데, 현재 상황은 어떻습니까?

김범선 2016년부터 5년간 법원 소년부로 송치된 촉법소년은 4만 명에 육박합니다. 촉법소년 범죄가 꾸준히 증가하고 있는 실정인데요. 지난 한 해만 하더라도 약 1만 명에 가까운 촉법소년이 소년부로 송치되었습니다. 이는 2016년과 단순 비교하면 46%나 증가한 수치입니다. 이에 따라서 지난 대선에서도 여러 후보가 촉법소년 연령을 만 12세로 낮추는 공약을 내놓았고, 윤석열 당선인도 촉법소년 연령을 만 12세로 낮추는 공약을 했기에 그 귀추가 주목됩니다.

이승우 그러니까 해당하는 연령의 아이들은 줄어들고 있는데 범죄사건은 폭증하고 있다는 말씀이시네요. 그렇다면 소년 범죄의 한 포인트를 한 번 이제 같이 짚어보도록 하겠습니다. 미성년자는 잘못을 저질러도 처벌 안 받는다는 속설이 있는데 사실입니까?

김범선   그렇지 않습니다. 다만 우리나라 형법에서는 '14'라는 숫자가 매우 중요한 의미를 지닙니다. 형사책임이 만 14세 이상이므로 결국 촉법소년은 형사처벌을 받지는 않습니다. 대신에 소년법이 적용되기 때문에 형사처벌을 대신하여 보호관찰이나 소년원 송치 등의 보호처분이 내려지게 됩니다. 처벌을 받지 않는다는 것은 형사처벌에 국한된 말입니다.

이승우   그렇군요. 그럼 보호처분은 10가지가 있다고 알려져 있는데, 어떻게 구성이 되어있는지 간략하게 설명해주시죠.

김범선   보호처분은 1호부터 10호까지 있습니다. 1호부터 5호까지는 집 보호자에게 위탁하는 개념입니다. 2호와 3호는 특히 단순하게 교육을 받고 시설에서 봉사하는 것으로 대신하는 것입니다. 6호는 민간위탁 보호시설, 그리고 7호는 의료시설에 마찬가지로 위탁하는 것입니다. 특히 8호, 9호, 10호 처분은 강제구금의 기능을 하는데, 이는 소년원에 송치하는 것으로 사실상 징역형과 다를 바가 없습니다.

이승우   네. 1호 처분은 일단 집에 가라. 왜냐면 장소적 처분이 있어야 하거든요. 미성년자이기 때문에 장소처분이 있어야 집 대신에 어디를 보낼지, 집으로 보낼지 장소를 놓고 그다음에 부수처분들이 붙는 형태로 되어있습니다. 한편으로는 촉법소년 연령을 낮추자는 주장이 굉장히 거센데요. '소년범죄 혐오론'까지도 사실은 번지고 있는 것같이 보입니다. 이런 현상을 어떻게 보시나요?

김범선 일단 이 소년을 과연 혐오의 대상으로 볼 것인가라는 근본적인 질문으로부터 시작해야 한다고 생각합니다. 이 소년은 처벌의 대상이 아닙니다. 교화의 대상인 것이죠. 어른들이 취해야 하고, 앞으로도 계속 유지해 나가야 할 자세라고 생각합니다.

이승우 강의론적으로 그렇게 얘기할 수가 있지만, 소년범들이 잔혹하게 나오거나 도저히 교화할 수 없을 때도 성인들과 사회 전체가 참고 무조건 견뎌야 할까요?

김범선 소년범들이 왜 범죄의 가해자가 되는가를 봐야 합니다. 이들은 범죄의 가해자인 동시에 피해자이기도 하는데요. 소년범들은 대부분 가정방치 속에서 범죄를 저지르는 경우가 대다수입니다. 정작 어른들은 소년범죄의 어떤 충격적인 단면만을 많이 비추는데, 그것이 전부는 아닙니다. '소년심판' 드라마에서도 나왔죠. 오히려 이 소년범들이 가정폭력이나 가정에서 제대로 보호받지 못한 채 사회로 나와 아이가 당장 생존의 문제에 부딪혀 범죄를 저지르는 경우가 많습니다.

이승우   그렇지만 모든 문제를 아이의 환경 탓으로만 돌릴 수는 없지 않을까요?

김범선   근본적으로 이 소년들에 대해서 무조건 혐오의 시선으로 먼저 보는 것은 잘못된 접근방식이라고 생각합니다. 형사처벌을 단지 받지 않을 뿐 죄의 재질에 따라서 잔혹한 범죄에 대해서는 응당 책임을 져야 한다고 생각을 합니다.

이승우   그렇지만 소년범에 대한 처벌은 전과도 남지 않고, 교도소에 가는 것보다 훨씬 우호적인 처분을 받는 건 맞죠?

김범선   네, 사실입니다. 다른 법들과는 달리 70년 동안 바뀌지 않은 것에 대해서는 이 소년이라는 대상에 대한 처벌만으로는 능사가 아니다. 실질적으로 많은 성인범죄에 대해서도 단순히 처벌만이 능사가 아니라는 연구결과가 많이 나오고 있습니다.

법적 대응과 조력

이승우   사회가 모든 사람을 구할 수는 없습니다. 모든 소년을 우리가 구할 수도 없다고 구하는 노력 자체를 포기할 수는 없다. 그것이 소년범죄의 핵심적인 키워드라고 생각합니다.

김범선   보호처분만을 받는 만 10세 이상 만 14세 미만의 촉법소년은 사실상 징역형과 다를 바 없는 8호에서 10호까지의 소년원 처분을 피하는 것이 핵심입니다. 보호처분뿐만 아니라 형사처벌도 받을 수 있는 만 14세 이상 만 19세 미만의 범죄소년의 경우 이미 형사사건으로 분류되어 진행 중이라면, 중간에 소년부 송치로 결정을 이끌어내고, 반대로 소년부 심사 중 형사사건으로 진행되지 않도록 사전에 차단하는 것이 중요합니다.

이승우   한편으로 피해자는 어떻게 합니까? 소년범죄에 있어서 너무 부족한 것이 아닙니까?

김범선   피해자의 경우 국선변호사를 통해서 피해자가 좀 더 그 사건에 대해서 진술하거나 합의점이 있다면 국선변호사가 이를 도와주는 역할을 하고 있습니다. 국가적으로 소년범의 피해자들에 대한 어떤 법적인 체계가 미비하다는 것에 대해서는 통감합니다.

이승우 가령 12살에 20년 형을 받으면 32살입니다. 10년 형을 받았다고 하더라도 22살이 되죠. 범죄자로 격리되어 아무것도 배우지 못한 상태로 20~30대에 사회에 나가면, 그 이후에 우리 사회 계획은 무엇이라고 할 수 있는가? 그때는 어떻게 할 것인가? 소년범죄, 촉법소년 문제는 교육자들이 본격적으로 실력을 발휘해야 할 필드가 아닌가 생각해봅니다.

방송일 : 2022년 4월 29일 (금요일)
#소년범죄 #촉법소년 #소년심판 #혐오론

07

성적 의도 없이 한 성희롱도 '통매음'으로 처벌된다!

통신매체 이용음란죄

진행 : 이승우 변호사
대담 : 김나연 변호사

(1) 오늘의 주제

이승우 변호사(이하 이승우) 통신매체이용음란죄는 2019년 1,400여 건, 2020년 2,000여 건으로 42.4% 증가, 2021년 5,000건으로 147.5% 증가, 그리고 2022년 1만 563건을 넘었습니다. 휴대폰 등의 통신매체를 이용해서 성적 수치심을 일으키는 정보를 상대에게 보냈을 때 성립되는 통신매체이용음란죄 사건이 코로나 팬데믹으로 비대면 활동이 늘게 된 2020년부터 급증하고 있는데요. 온라인 게임이나 채팅어플 등에서 통신매체이용음란죄가 계속 증가하고 있는 것을 보아 이를 제대로 인식하지 못했을 수 있다는 생각이 듭니다. 설명해주시죠.

김나연 변호사(이하 김나연) 통신매체이용음란죄의 유형은 다양하지만, 온라인 게임을 하다 게임 상대방과 다투는 과정에서 외설적인 욕설을 함으로써 문제가 되는 경우가 상당수입니다. 2022년 8월 중순에는 게임을 하다가 성적 단어가 포함된 채팅을 한 30대 공무원에게 벌금 100만 원의 약식명령이 선고되어 당연퇴직 위험에 처한 사례도 있습니다.

이승우 통신매체이용음란죄, 줄여서 '통매음'이라고 부르기도 하는데, 처벌 수위는 어느 정도인가요?

김나연 통신매체이용음란죄는 성폭력 범죄의 처벌 등에 관한 법률, 일명 '성폭법'에서 규정하는 성범죄 중의 하나입니다. 성폭법 제13조에서는 '자기 또는 다른 사람의 성적 욕망을 유발하거나 만족시킬 목적으로 전화, 우편, 컴퓨터, 그 밖의 통신매체를 통하여 성적 수치심이나 혐오감을 일으키는 말, 음향, 글, 그림, 영상 또는 물건을 상대방에게 도달하게 한 사람은 2년 이하의 징역 또는 2천만 원 이하의 벌금에 처한다'고 규정하고 있는데요. 통신매체를 이용해서 성적 수치심이나 혐오감을 일으키는 정보를 상대방에게 도달하도록 하면 처벌되는 범죄입니다.

이승우 통매음의 설명을 들으면 그 범위가 굉장히 넓어질 수도 있고, 좁은 범위로 서로 간에 친밀감을 느끼고 있는 관계에서 실수가 생기기에 굉장히 쉬운 구조이기도 하는데요. 실제 온라인상에서 어떤 발언이 통매음에 걸리게 되는 건가요?

김나연 이 범죄는 자기 또는 타인의 성적 욕망을 유발하거나 만족시킬 목적을 가졌다는 것이 증명되어야 성립하는데, 이에 대해서는 가해자에게 그런 목적이 실제로 있었는지, 없었는지 또는 실제로 피해자가 수치심이나 혐오감을 느꼈는지를 따지는 것이 아니라, 사회 일반적인 관점에서 성적 수치심이나 혐오감을 일으킬 만한 상황이 조성되었다고 합리적으로 판단될 수 있다면 그 목적이 있었다고 보게 됩니다. 그렇기 때문에 그저 욕설로 상대방을 기분 나쁘게 하기 위함이었다고 하더라도 이 죄에 해당할 수 있는 것입니다. 온라인 게임을 하다가 외설적인 욕설을 하는 경우가 통신매체이용음란죄의 대표적인 사례입니다. 상대방에 대해 은밀한 부위를 언급하면서 욕을 한다거나, 성관계를 맺고 싶다는 식으로 조롱한다거나, 상대방의 부모님을 성적으로 언급하며 비하하는 일명 '패드립'을 하는 경우들이 이에 해당합니다. 심지어는 상대방의 게임 캐릭터를 지칭하며 음담패설을 한 경우에도 이 범죄에 해당한다고 판단되어 처벌된 사례도 있습니다. 상대가 원하지 않는데 일방적으로 은밀한 부위의 사진이나 야한 동영상을 메신저로 보낸다거나, 상대가 불쾌감을 표현하는데도 전화나 메신저 등으로 성적 농담을 하거나 신체를 평가하는 발언을 한다거나 음담패설을 하는 경우들도 통신매체이용음란죄로 처벌될 수 있습니다.

이승우 벌금, 기소유예, 심하면 징역까지 나오는 범죄인데, 통매음에 대한 경찰과 검찰의 판결처분이 중구난방이라는 지적들도 있더라고요. 어떤 내용인가요?

김나연 퇴직이나 취업제한의 이슈도 있어 가볍게 생각할 수 없는 통신매체이용음란죄 사건에 대해, 전후 사정, 표현의 문구와 그 수위가 비슷한 경우에도 담당하는 수사기관에 따라 처분결과가 제각각으로 달라지는 상황이 발생하고 있어 지적을 받고 있습니다. 유사한 사안인데 누구는 혐의가 없다고 판단받고, 누구는 혐의가 있다며 검찰로 송치되고 있다는 것입니다. 심지어는 더 수위가 높은 경우임에도 혐의가 없다는 결정이 나오기도 합니다.

이승우 이렇게 된다면 변호사로서는 문제해결에 개입할 필요성이 상당히 크다고 생각되는데요. 어떻습니까?

김나연 이러한 문제에 대하여 어떤 경찰서에서 사건을 담당하게 되는지에 따라 '복불복'으로 결정되는 것이 아니냐는 우려의 목소리가 나오고 있고, 심지어는 어떤 경찰서에서 처분이 잘 나오고, 잘 안 나오는지에 대한 정보가 공유되기도 하면서 일부러 상대에게 욕설을 유도한 후 합의금을 요구하는 악용사례도 발생하고 있어서 보다 일관된 판단 기준의 필요성이 대두되고 있습니다.

이승우　사안에 따라 극과 극의 판단이 이루어질 수 있어 전문적인 법적 조력도 필요한 부분이 있다고 생각되는데요. 이런 지적들이 나오는 건 통매음죄의 구속요건 기준이 모호하기 때문입니까?

김나연　통신매체이용음란 혐의를 파악할 때는 주로 '성적 욕망을 유발하거나 만족시킬 목적'의 여부가 문제가 됩니다. 가해자에게 정말로 그 목적이 있었는지, 피해자가 실제로 수치심을 느꼈는지를 확인할 수는 없기 때문에 사실관계와 상대에게 도달된 내용, 수위나 정도 등을 보고 사회 통념상 성적 수치심이나 혐오감을 줄 수 있었던 상황이었다고 합리적으로 판단될 수 있는지가 그 기준이 됩니다. 그러나 기준이라고 하더라도 '이런 단어를 쓰면 해당하고, 이 정도 단어나 표현으로는 부족하다'와 같은 명확한 지침을 가능한 모든 경우를 고려해서 만들어둘 수는 없으므로 수사관 등 개개인의 주관과 시각이 반영될 수밖에 없습니다. 그러다 보니 사건을 담당하는 수사기관마다 처분이 달라지는 상황이 발생하고, '이 경찰서는 처분이 잘 나오고, 이 경찰서는 좀 깐깐하다'와 같은 정보까지 공유되면서 결국은 복

불복이라는 반응이 나오게 된 것입니다.

이승우 그렇다면 경찰의 처분에 대한 차이를 어떻게 맞춰나가야 할까요?

김나연 다소 불공평하게 여겨질 수 있는 이와 같은 차이를 줄이기 위해서는 보다 유형화되고 구체적인 기준을 세울 필요가 있겠습니다. 너무나 많은 변수와 경우의 수가 존재하기 때문에 모든 유형을 망라하는 구체적인 기준을 세우는 것은 사실상 현실적인 어려움이 있으므로 점차 데이터가 쌓여가며 어느 정도의 판단 패턴을 갖추어 가는 과정이 필요할 것으로 보입니다. 통신매체이용음란죄 사건들은 코로나 팬데믹으로 비대면 활동이 늘게 된 2020년부터 급증하면서 논란이 일게 되었는데요. 유형화된 기준이 단기간에 확립되기는 쉽지 않을 것이기 때문에 현 상황에서는 '이 정도면 괜찮을 것이다'라는 예측을 하려고 하기보다는 더욱 신중히 주의를 기울여야 할 것으로 생각됩니다.

이승우 통매음이 처벌형량은 높지 않다고 하더라도 통매음으로 벌금을 받아도 신상정보등록대상자가 되는 것은 맞죠?

김나연 네, 맞습니다.

법적 대응과 조력

김나연 상대가 원하지 않는데 이를 존중하지 않고 일방적으로 성적인 접근을 하려는 섣부른 행동을 해서는 안 됩니다. 특히 가장 문제되는 온라인 게임 채팅으로 외설적인 욕설을 하는 경우를 강조하고 싶은데요. 어떤 성적 욕망을 가지고 그런 말을 한 게 아니라 그저 상대방을 화나게 하기 위한 욕이었다고 할지라도, 이 범죄에서 말하는 '성적 욕망'에는 성관계를 직접적인 목적이나 전제로 하는 욕망뿐만 아니라 상대를 성적으로 비하하거나 조롱하여 성적 수치심을 줌으로써 심리적 만족을 얻으려는 욕망도 포함되기 때문에, 상대방에 대한 분노 표출이었다고 해도 충분히 혐의가 인정될 수 있습니다. 직접 대면하는 상황에서 하기 어려운 말을 온라인상에서 대면하지 않고 익명으로 비교적 쉽게 행동하는 경향이 있습니다. 이는 범죄라는 무거운 결과로 이어질 수 있다는 점을 꼭 기억하기를 바랍니다.

방송일 : 2022년 12월 28일 (수요일)
#통신매체이용음란죄 #성희롱 #게임 #채팅 #콜센터

08

가정폭력 남편 살해한 아내 집행유예… 왜?

가정폭력

진행 : 이승우 변호사
대담 : 김낙의 변호사

(1) 오늘의 주제

이승우 변호사(이하 이승우)   사랑만 나눠도 모자란 가정 속에 폭력이 자리 잡는 까닭은 무엇일까? 가정 속 비참한 폭력의 서사에 대해서 살펴보고자 합니다. 앞서 뉴스 컷에서 '코로나19 사태 이후에 가정폭력 사건이 많이 늘었다'라는 내용을 들었습니다. 관련하여 대응실태를 이야기해주시면 좋겠습니다.

김낙의 변호사(이하 김낙의)   여성가족부에서 3년마다 가정폭력 실태조사 연구를 하고 있습니다. 2019년도 가정폭력 실태조사에 따르면 '배우자로부터 폭력 피해를 당해보았다'라고 답한 응답자 중에서 어떻게 대응했는지 조사한 결과, 별다른 대응을 하지 않았다 46.6%, 맞대응했다 43.1%, 자리를 피하거나 집 밖으로 도망을 갔다 12.5%, 주위의 도움을 청했다 1%인 것으로 집계되었습니다. 이 통계자료를 보면 결국에 가정폭력 당사자들이 그 당시의 상황을 모면하기 위해서 그들 사이에서만 해결하려고 하는 것으로 보이며, 주변에 도움을 청하는 것은 많이 꺼리는 것으로 나타났습니다.

실제 사건

결혼 43년 차 되는 부부 사이에 가정폭력에 시달리다가 남편을 살해한 아내의 이야기이다. 아내는 과거 어렸을 때 초등학교조차 졸업하지 못한 불우한 가정환경에서 성장하였으며, 결혼 후 남편의 경제적인 부양에 의존하면서 살았기 때문에 40년 내내 가정폭력에 대항하지 못한 채 결혼생활을 유지해왔다. 일례로 결혼생활 과정에서 남편이 부동산 시가가 하락했다는 이유로 아내에게 수시로 욕설을 하고 팔을 든 채 잠을 자지 못하게 하는 방법으로 괴롭혀 왔으며, 심지어 아내뿐만 아니라 아들에게도 가정폭력을 자주 일으켜 경찰에 신고도 여러 차례가 있었다. 본격적으로 이 사건이 문제가 됐던 부분은 아내와 남편이 거실에서 다툼을 벌이던 중 아들이 소리를 듣고서 거실로 나와 보니까 아버지가 어머니를 주먹으로 마구 때리는 모습을 목격하였다. 아들 역시 오랫동안 가정폭력에 시달렸기 때문에 순간적으로 화가 나서 아버지의 얼굴

> 을 주먹으로 몇 차례 세게 때렸고, 그리고선 베란다에서 42cm 정도 되는 둔기를 갖고 와서 강하게 내리쳤다. 당연히 아버지는 피를 흘리고 쓰러졌고, 이 상황을 지켜본 어머니는 아들의 범행을 안고 가야겠다는 생각에 독극물을 마시게끔 하였다. 그렇지만 자신의 행동이 실패하자 아들이 갖고 왔던 흉기로 피해자의 주요 급소 부분을 수차례 가격했으나 남편이 사망에 이르지 않자 더 나아가서 피해자의 목을 졸라서 사망에 이르도록 하였다.

이승우 이 사건의 재판 절차와 판결은 어떻게 진행되었습니까?

김낙의 해당 사건은 일반 재판으로 진행된 것이 아닌 국민참여재판으로 진행된 사건이었습니다. 당연히 아내의 살인행위가 인정되었고요. 다만 9명의 배심원 중에서 7명이 아내에 대해서 징역 3년에 집행유예 5년의 양형의견을 개진하였고, 재판부에서도 그대로 받아들여서 징역 3년에 집행유예 5년을 선고했습니다.

이승우 이 사건의 포인트에 대해서 변호사님은 어떻게 보십니까?

김낙의 이 사건을 들여다보면 상당히 범행이 잔혹하다고 볼 수 있습니다. 그럼에도 불구하고 이 사건은 집행유예가 선고되었습니다. 국민참여재판을 통해서 오랫동안 아내가 겪었을 가정폭력의 고통이 신랄하게 전달되었고, 결국 범행동기가 양형에 반영되어서 배심원들을 설득할 수 있던 것입니다. 이러한 점에서 보면 국민참여재판으로 진행한 것은 매우 적절한 선택이었다고 보이는데요. 나아가 가정폭력의 원인으로 발생한 범죄를 온전히 가해자에 대한 책임으로만 돌리지 않았다는 것이 이 사건의 포인트라고 볼 수 있습니다.

이승우   가해자인 아내가 결국 살인을 저질렀지만, 결과적으로 집행유예라는 선처를 받았다는 것인데, 그 이유에 대하여 구체적으로 설명해주시죠.

김낙의   이 사건의 범행동기가 가정폭력으로 인해서 발생한 범죄라는 점이 충분히 입증되었고, 따라서 가해자가 된 가정폭력 피해자도 법이 허용하는 한도에서 선처를 받았던 것입니다. 이 사건에서는 재판부가 배심원의 의견을 최대한 존중하였습니다. 아내가 오랫동안 가정폭력을 당한 것이 이 사건의 중요한 원인이 되었다고 볼 수 있으며, 이러한 비극적 결과는 전적으로 아내의 책임으로만 돌릴 수 없다는 이유로 양형에 반영되어 집행유예를 선고받은 것이죠.

이승우   참 어려운 사건인데요. 주변에서 가정폭력이 의심되면 신고를 해야 할지 망설이게 되는데, 이럴 때 어떻게 하는 것이 좋겠습니까?

김낙의 가정폭력 관련 법률로는 가정폭력방지및피해자보호등에 관한법률, 약칭 '가정폭력방지법'이 있습니다. 이 법에 따르면 가정폭력은 누구든지 신고를 할 수 있습니다. 피해 당사자뿐만 아니라 주변인, 피해를 목격한 제3자도 신고를 할 수 있는데요. 만약 신고가 이루어졌다면 당장 경찰이 와서 폭력행위를 저지하고 가해자와 피해자를 분리합니다. 그리고 개정된 법에 따르면 이제는 현행범으로 체포할 수도 있습니다.

법적 대응과 조력

이승우 가정폭력, 생각하기에 따라 가족 구성원, 현재 결혼한 상태에 있는 당사자들만 문제가 되리라 생각하는 사람들이 많이 있지만 그렇지 않습니다. 가정폭력은 가족 구성원이었던 사람들과 이혼 전 친족관계이었던 사람들 사이에서의 신체적, 정신적 또는 재산상의 피해를 수반하는 모든 행위를 포괄하고 있습니다. 인격적으로 전혀 존중이 없는 언어적, 육체적, 정신적 폭력행위가 가정폭력의 실체입니다. 상해, 협박, 폭행, 모욕, 명예훼손이 대표적으로 등장하고 있지만, 과거 명절이면 우리가 쉽게 접했던 행동들일지도 모릅니다. 대화가 아닌 밥상을 엎는다든지, 뺨을 때린다든지, 골프채나 테니스채로 가격을 한다든지 등의 폭력으로 상대방을 제압하면서도 가족으로 계속 살겠다는 생각은 없어져야 할 것입니다. 변호사님, 가정폭력이 나에게 또는 내 지인에게 발생하였다면 법적으로 어떻게 대응해야 되겠습니까?

김낙의 가정폭력이 나에게 또는 내 지인이 겪고 있는 상황이라면 주변인들에게 가정폭력 피해를 호소할 필요가 있습니다. 앞에서 다루었던 사건도 가정폭력이 범행동기에서 참작을 받을 수 있었던 이유는 가정폭력이 입증되었기 때문이며, 입증에 있어서 남편의 친족들이 사실상 가정폭력이 있었다는 사실 확인을 해준 바가 있었기 때문입니다. 그렇기에 주변에 도움을 요청하고 수사기관에 신고하는 것을 주저하지 않았으면 좋겠습니다.

이승우 즉 '가정폭력은 범죄다'라는 인식이 필요하며, 주변에서 도와줘야 한다고 정리할 수 있겠습니다.

방송일 : 2022년 5월 10일 (화요일)
#가정폭력 #살해 #가정폭력방지법 #범죄

09

루나, 테라 사건 사기죄로 처벌 가능

조직적 사기범죄

진행 : 이승우 변호사
대담 : 배슬찬 변호사

(1) 오늘의 주제

이승우 변호사(이하 이승우) 인간의 탐욕은 어디까지 허용되는 걸까요? 다수의 서민에게 피해를 입히는 경제범죄에 대하여 한동훈 법무부장관이 끝까지 수사하여 처벌하겠다는 뜻을 밝혔죠. 오늘의 주제인 '조직적 사기범죄' 중 코인 사기사건에 대해서 법무법인 법승의 배슬찬 변호사와 함께 알아봅니다. 안녕하세요, 변호사님.

배슬찬 변호사(이하 배슬찬) : 네, 안녕하세요. 배슬찬 변호사입니다.

이승우 엄청 화제가 되고 있죠. '루나, 테라 코인' 사건이죠. 한번 정리해주시죠.

실제 사건

2022년 4월 5일 118달러, 한국 돈 15만 원으로 거래되던 한국산 암호화폐 루나가 한 달 만에 99% 하락하여 지난 5월 15일 기준 0.00043달러로 가격이 떨어졌고, 시가총액도 36조 원대에서 1조 5천억 원대로 하락했다. 이 테라는 스테이블 코인인데, 스테이블 코인이란 코인 한 개 가격이 달러, 유로와 같은 법정화폐와 1 대 1로 유지되도록 설계된 코인을 말한다. 테라와 루나의 암호화폐 폭락으로 인해서 손실을 본 국내 투자자들이 2022년 5월 19일 해당 코인 발행사인 테라폼랩스의 권도형 대표 및 테라폼랩스 공동창업자인 신현성 씨를 특정경제범죄가중처벌 등에 관한 법률 위반, 사기 및 유사수신행위의 규제에 관한 법률 위반 등으로 서울남부지검 금융증권범죄합동수사단에 고소 고발한 사건이다.

이승우 '1호 사건이 될 거다' 이런 얘기가 나오고 있는데, 루나하고 테라 코인, 이 두 개 문제가 되고 있는 코인! 다른 암호화폐하고는 어떤 다른 점이 있습니까?

배슬찬 우선 테라는 스테이블 코인으로서 법정화폐와 가치가 연동되도록 하여서, 다른 시세가 크게 변동되는 코인과는 차이가 있습니다. 특히 테라 같은 경우에는 알고리즘형 스테이블 코인이라고도 하는데, 이는 1코인당 1달러의 가격을 유지되도록 프로그래밍되어 있음을 의미합니다. 테라의 이런 알고리즘을 위해서는 테라의 위성코인인 루나가 필요한데, 테라와 루나의 작동방식을 간단하게만 살펴보면, 스테이블 코인인 테라 1개를 팔면, 1달러어치의 루나를 받을 수 있고, 프로그램을 통해서 이런 작동방식이 유지되도록 되어있는 것입니다.

이승우 알고리즘형 스테이블 코인! 상당히 어려운 내용인 것 같은데요. 그러면 이게 '테라 한 개는 1달러다'라는 것은 가치가 고정돼 있다는 얘기신 거죠? 그리고 루나는 이 기사상으로 보도된 내용을 보면 가치가 140달러까지 치솟았다. 이렇게 설명이 나옵니다. 루나는 가치가 고정되지 않은 형태로 자체가 급등락이 가능한 형태의 코인이었다. 이렇게 볼 수 있을까요?

배슬찬 네, 맞습니다.

이승우 140달러까지 올라갔던 가치가 이렇게 바닥으로 0.0043달러라고 하셨나요? 그렇게 떨어진 이유 무엇입니까?

배슬찬 우선 테라 운영사인 테라폼랩스는 테라와 루나 코인을 활용한 일종의 금융서비스인 '앵커프로토콜'을 출시하였는데요. 이는 테라를 테라의 발행사인 테라폼랩스에 예치하면 연 20%에 상당하는 이자를 받을 수 있는 코인형 금융상품이라고 할 수 있습니다.

이승우 1달러의 가치를 갖고 있는 테라, 1테라를 테라폼랩스에 예치를 하면 연 20%의 이자를 지급한다. 무조건인가요?

배슬찬 네, 맞습니다. 이런 연 20%의 파격적인 금리로 인해서 많은 투자자들이 몰렸습니다. 하지만 코인 투자자들 사이에서는 이러한 구조가 유지될 수 있을지에 대하여 불안감도 증가했는데요. 그러던 중 지난 5월 초 한 투자자가 8,500만 달러에 달하는 거액의 테라 코인을 매도하였고, 그 직후 테라 코인 가격이 0.98달러로 내려가는 일이 발생하였습니다. 평소 같았으면 테라의 알고리즘상 테라 코인 가격이 1달러에 수렴해야 했지만, 투자자들의 불안이 극에 달한 상황이었기에 투자자들은 테라 코인을 극단적으로 매도하기 시작하였습니다. 이에 테라 코인의 가격 폭락이 유발됐고, 이른바 '코인런'이 발생하게 되었습니다.

이승우 투자하셨던 분들도 '이거 1달러 붕괴되는 것은 시간문제다' 이렇게 생각하고 있었다. 이렇게 보이는데요. 맞습니까?

배슬찬 아무래도 연 20%의 금리를 유지하는 것 자체가 오랫동안 유지되기가 힘들었기 때문에.

이승우 테라는 1 대 1로, 달러와 고정돼 있는 환율을 갖고 있는 형태니까 그것은 뭐 사업구조가 없다고 한다면, 루나는 어떤 사업구조를 가지고 있었습니까?

배슬찬 우선은 루나는 독자적인 가치보다는 이 테라가 스테이블 코인으로서 가치를 유지하는 데 도움을 주는 위성코인으로서의 역할을 했다고 볼 수가 있습니다.

이승우 그러면 이번 사건과 관련된 법률 부분에 대해서 내용 살펴보도록 하죠.

배슬찬 우선 형법 제347조에 따르면 사람을 기망하여 재물을 교부받거나 재산상의 이득을 취득한 경우, 사기죄가 성립하여 10년 이하의 징역 또는 2천만 원 이하의 벌금형으로 처벌받게 됩니다. 나아가 이런 사기행위로 취득하게 된 재물이나 재산상 이익의 가액이 5억 이상일 경우에는 특정경제범죄 가중처벌 등에 관한 법률 3조에 따라서 가중처벌 받도록 되어있습니다. 또한 이러한 행위들을 유사수신행위로 볼 수 있는데요. 유사수신이란 쉽게 말해 은행으로서의 허가를 받지 않았음에도 은행과 유사한 일을 하는 것을 의미합니다.

이승우 예적금 받는다. 이런 얘기군요. 이자와 함께 원금을 돌려 줄 수 있는, 일정 기간 후에 그런 일을 하면 유사수신이다 라는 거죠? 인허가 받지 않고요. 이번 사건 포인트는 유사수신행위와 사기죄의 성립 여부, 여기에 있는 것 같은데요. 변호사님, 어떻게 보고 계십니까?

배슬찬 네, 맞습니다. 법조계에서는 이번 사태처럼 테라 코인의 알고리즘상 가격 폭락의 위험이 존재하였음에도 테라 코인 발행사인 테라폼랩스가 알고리즘상의 설계 오류 및 하자에 관해 투자자들에게 제대로 고지하지 않은 행위나, 루나 코인의 발행량을 무제한으로 확대하여 코인 가치를 하락시켜 가격을 폭락시킨 행위가 사기죄의 성립요건인 기망행위에 해당한다는 의견이 있습니다. 또한 신규 투자자 유인을 위해 앵커프로토콜을 개설하여 연이율 19.4%의 이자 수익을 보장하면서 수십조 원의 투자를 유치한 것은 유사수신행위에 해당한다는 의견도 존재합니다.

법적 대응과 조력

이승우 그러면 오늘 사건에 담긴 법 이야기 한 줄로 정리를 먼저 해드리고 실제 법적 대응과 자문 이어가 보도록 하겠습니다. '유사수신'이라는 것이 사실 굉장히 어려운 개념이라서 변호사들도 좀 어려워하는 부분이 있습니다. 유사수신, 이것은 복잡하게 생각하실 건 없고요. '은행이 할 수 있는 일을 허가 없이 한다' 이런 부분입니다. 그럼 왜 은행은 허가를 받아야 될까요? 생각해보시면 대부업자하고 은행하고 똑같은 일을 수행한다고 볼 수도 있습니다. 그렇지만 대부업자는 신고만 하면 되고, 또 그 위에 있는 저축은행이나 상호협동금고 같은 경우에는 해당되는 내용에 대해서 또 그에 맞는 절차와 요건을 갖춘 그런 물적 시설과 인적 시설을 갖추게끔 하고 허가해주고 있습니다. 그 위에 캐피탈 회사라고 불리는 여신전문금융업 회사가 존재하게 되고요. 신용카드와 같은 거대한 대중들을 위한 신용제공을 해주고 있습니다. 이것을 우리가 여신이라고 부르고 있고, 그 여신을 전문적으로 제공해주는 회사다라고 해서 여신전문금융업 회사다. 이렇게 부르고 있습니다. 그리고 그 바로 위에 보험사, 종합금융사, 증권사와 같은 공모, 다양한 형태의 채권 또는 금융을 공모할 수 있는, 대중을 상대로 불특정의 사람들로부터 공모할 수 있는 기능을 부여하고 있는 것이 있고요. 그리고 최종 끝판왕으로 은행이 존재하게 됩니다. 은행은 여신과 수신, 대출과 예적금 이것을 모두 다 할 수 있는 끝판왕에 해당된다라고 보시면 되고, 은행이 만약에 예적금을 받아서 들고 도망간다. 어떻게 되겠습니까? 세상이 큰 문제가 생기고 국가경제가 완전히 부도나는 일이 터지겠죠. 그렇기 때문에 아주 강력한 형태의 인허가 및 관리감독을 받고 있습니다. 오늘 조직적 사기범죄의 가능성이 계속 점점 높아지고 있는 루나, 테라 코인사건 관련해서 다뤄보고 있는데요. 이런 사건이 발생했을 때 법적 대응 어떻게 하면 좋겠습니까, 변호사님.

배슬찬 최근 코인광풍이 불면서 가상자산 투자를 미끼로 원금 이상의 수익을 보장하겠다는 등 유사수신행위 또는 폰지사기가 크게 성행하고 있는데요. 인허가나 등록 없이 원금 이상의 지급을 약정하면서 불특정 다수인으로부터 투자금을 유치하는 행위는 유사수신행위로 분류되어 해당 법률에 따라 형사처벌의 대상이 되기 때문에 고수익의 이자나 원금을 보장하는 투자에 대하여 현혹되지 않도록 주의해야 합니다. 특히 구조적으로 불가능함에도 고수익의 이자나 원금을 보장하는 행위 등은 사기죄의 성립요건인 기망행위에도 해당할 수 있기 때문에 형법상 사기죄나 특정경제범죄 가중처벌 등에 관한 법률상 사기죄가 성립할 수 있으므로 각별한 주의가 필요합니다.

방송일 : 2022년 6월 9일 (목요일)
#루나 #테라 #사기범죄 #코인광풍

10

호기심에 한 '랜덤채팅', '미성년자 성범죄'에 연루되었다면?

미성년자 성범죄

진행 : 이승우 변호사
대담 : 이조양 변호사

(1) 오늘의 주제

이승우 변호사(이하 이승우)   청소년 성착취, 불법도박, 투자사기, 불륜, 허위사실 유포와 같이 정말 실명으로는 전혀 책임지지 못할 범죄가 랜덤채팅에서 판을 치고 있습니다. 최근에는 카카오톡 오픈채팅방 역시 본래 취지와는 다르게 범죄의 경로로 악용되고 있는데요. 변호사님, 랜덤채팅, 도대체 이게 뭡니까?

이조양 변호사(이하 이조양)   랜덤채팅이란 주변에 있는 상대방과 대화를 할 수 있게 하는 앱을 말합니다. 코로나19가 심해지면서 랜덤채팅 앱의 수와 이용자 수 모두 폭증한 상황입니다.

이승우   랜덤채팅으로 인한 사회적 문제가 심각한데요. 일각에서는 '성범죄 창구다'라는 지적을 하는 상황인데, 랜덤채팅을 통해서 어느 정도의 범죄가 발생하고 있습니까?

이조양   최근 방송통신심의위원회 발표자료에 따르면, 2017년부터 2021년까지 5년간 랜덤채팅 민원이 1만 5,630건으로 매년 꾸준히 증가하고 있으며, 2021년에 접수 민원은 2017년에 비해 13배가 증가한 것으로 나타났습니다. 여기서 민원의 대부분은 성매매 또는 조건만남과 같이 성매매와 관련되는 내용이 주를 이루고 있습니다.

이승우   온라인 대화를 통해 여러 가지 문제가 계속 발생하고 있고, 우리가 랜덤채팅에서 범죄가 일어나고 있다는 사실을 알게 된 지 적지 않은 시간이 흘렀어요. 꽤 오랜 시간이 되었는데, 법적으로 막을 방법이 없습니까?

이조양   랜덤채팅 앱이 불특정 이용자 간의 대화를 제공하여 디지털 성범죄의 경로로 이른다는 지적은 수년 전부터 지적이 되어 왔습니다. 이에 대해서 여성가족부는 2021년 9월 10일 랜덤채팅 앱을 청소년 유해매체로 지정하였으며, 회원가입 시 성인인증을 요구함으로써 청소년의 가입을 막았습니다.

이승우 랜덤채팅 앱이 청소년 유해매체로 지정되었고, 성인인증이 필요하다면 모든 것이 차단되었다고 볼 수 있나요?

이조양 아닙니다. 실제로는 일부 앱은 여전히 성인인증 없이 회원가입이 가능하거나 인증이 필요한 앱의 경우에는 청소년들이 타인 명의 휴대전화로 가입하여 활동하는 경우도 있으며, 이러한 방법이 여의치 않으면 카카오톡 오픈채팅방을 통해서 미성년자가 성매수자를 찾아서 매칭을 하는 상황으로 확인되고 있습니다.

실제 사건

수원시 권선구에서 있었던 일이다. A씨는 랜덤채팅 앱을 이용하여 아이디를 개설하였다. 자신의 상태 메시지에는 미성년자임을 표시하고, 동시에 성매매 조건만남을 암시하는 문구로 설정해 놓았다. 이 사건에서 피해자인 A씨의 상태 메시지를 확인한 남성들은 A씨에게 성매매를 제안하였다. A씨는 성매매를 제안한 사람들이 보다 자극적인 말을 하고, 성관계에 대해 말하도록 부추긴 후 피해자들에게 다음과 같이 말했다.

'신고했습니다. 미성년자를 상대로 조건만남을 권유하는 행위는 범죄이고, 앱 탈퇴나 차단을 하더라도 적발할 수 있다. 신고 취소를 원하면 합의금 명목으로 문화상품권을 보내라'
피해자들은 자신의 행위가 형사처벌을 받을 수 있는 범죄라는 것을 알고 있었기에 처벌을 면하기 위하여 A씨에게 돈을 보냈다. 이러한 수법으로 A씨에게 돈을 갈취당한 사건이다.

이승우 랜덤채팅에서 성범죄가 잘 일어나고 성매매를 하는 사람들이 많다는 것을 역이용한 사건이라고 할 수 있는데, 법원은 이를 어떻게 판단했습니까?

이조양 법원은 이 사건을 징역 6개월에 집행유예 2년을 선고하였습니다. 일반적으로 이 같은 사건의 경우 피해자들이 신고를 안 하는 경우가 많으나 이 사건은 이례적으로 피해자들이 경찰에 신고하여 수사가 이루어졌습니다. 이 사건의 경우에는 피해금원이 크지는 않고 전체적으로 합의금 피해액이 변제되었기 때문에 가벼운 처분이 나온 상황입니다.

이승우 가해자 A씨가 미성년자였나요?

이조양 가해자 A씨는 미성년자는 아니었고요. 20대 초반의 남성이었습니다.

이승우 경찰에 신고를 해야 할지 굉장히 많이 망설였을 것 같은데 경찰에 신고를 하고 수사가 제대로 이루어졌습니까?

이조양 네, 피해자들이 경찰에 신고하여 공갈 부분에 대한 경찰 수사가 이루어졌고, 관련 증거들을 확보해서 재판까지 이르게 된 것으로 확인하고 있습니다.

이승우 그럼 랜덤채팅에서 벌어지는 성범죄가 법적으로 어떤 문제가 있는지 구체적으로 살펴보죠. 랜덤채팅과 연관되어 이야기되는 죄가 '의제강간죄' 맞습니까?

이조양 맞습니다. 미성년자의제강간죄는 만 19세 이상의 자가 만 13세에서 만 16세 사이에 미성년자와 성관계를 맺기만 하면 형법상의 강간죄로 처벌받게 되는 조항입니다. 이 조항은 상대방이 만 13세에서 만 16세라는 사실을 알고 있기만 하면 적용되기에 성관계에서 상대방의 동의 여부는 중요하지 않습니다.

이승우 앞서 살펴본 사건과 같이 협박과 함께 '신고당하고 싶지 않으면 돈 줘'라며 돈을 요구하는 것도 법적으로 문제가 됩니까?

이조양 폭행 또는 협박으로 상대방에게 돈을 받아내는 경우에는 정도에 따라서 형법 350조의 공갈죄 또는 형법 제333조의 강도죄 등이 성립할 수 있습니다. 이 사건 같은 경우에는 공갈죄가 적용되었습니다.

법적 대응과 조력

이승우 즉, 미성년자의제강간죄는 19세 이상 성인이 16세 미만 미성년자와 성관계를 한 경우, 동의가 있더라도 강간죄에 준해서 처벌하는 조항입니다. 이는 N번방 사건에서 살펴보면, '16세 정도에 이른 미성년자, 그 근처의 미성년자도 온전하게 자신의 성적 행위가 어떤 의미를 갖는지 파악하지 못하는구나', 그리고 '특히 경제적, 사회적으로 우위에 있는 성인의 성적 침해 또는 착취행위로부터 자기 자신을 방어하기가 너무나 어렵구나'라는 반성적 고려를 통해서 16세 미만자에 대해서 특별한 사회적 보호가 필요하다고 판단하여 지정되었습니다. 그러니까 이제 법 적용에 있어서 16세 미만의 미성년자가 성인에게 사랑한다고 말했다 하더라도 성인에게는 의제강간죄가 성립된다고 기억하면 되겠습니다.

이조양 최선의 선택은 어떤 상황에서도 성매매를 하지 않는 것입니다. 혹시라도 호기심에 혹은 음주 후에 재미를 위하여 랜덤채팅으로 성매매를 절대 하지 말아야 합니다. 그러나 이미 돌이킬 수 없는 선택을 하였고, 이로 인해 감당할 수 없는 협박을 당하고 있는 상황이라면, 자신의 상황을 먼저 살피시고 자신의 억울함을 적극적으로 피력하여 대응방안을 수립하실 것을 권해드립니다. 또한 앞의 사건처럼 합의금을 목적으로 사실과 다르게 강간, 강제추행 등으로 협박을 당하고, 무고로 인한 형사절차가 진행된다면 성범죄 수사와 재판의 특수성으로 인해 매우 절차가 빠르게 진행되는데요. 경우에 따라 본인의 충분한 소명이 전혀 이루어지지 못한 상태에서 갑자기 구속영장이 청구되는 경우가 발생할 수 있습니다. 이러한 상황에서는 핸드폰 대화내역을 바로 삭제하지 말아야 합니다. 추후 억울함을 소명하기 위해서 포렌식을 하더라도 핸드폰 기종에 따라서 포렌식이 제대로 되지 않는 경우가 있고, 이 경우에는 본인의 억울함을 피력하고자 하더라도 그것을 보여줄 수 있는 자료가 없기 때문에 매우 곤란한 상황에 닥칠 수 있습니다.

방송일 : 2022년 8월 8일 (월요일)
#랜덤채팅 #미성년자 #성범죄 #의제강간죄

11

청바지 뒤태 사진만 5천 장…
대법판결은?

디지털 성범죄

진행 : 이승우 변호사
대담 : 김상수 변호사

(1) 오늘의 주제

이승우 변호사(이하 이승우) 범죄 한 건에 수많은 피해자가 발생하는 디지털 성범죄! 디지털 성범죄가 날로 심각해지고 있습니다. 디지털 성범죄 특성에 대하여 알아보겠습니다. 바로 사건으로 들어가 보죠.

김상수 변호사(이하 김상수) 디지털 성범죄 중에서 가장 빈번하게 일어나고 있는 범죄인 카메라 등 이용 촬영행위에는 성폭력 범죄의 처벌 등에 관한 특례법 제14조 1항의 법률상 카메라 등 기계장치를 이용하여 성적 욕망 또는 수치심을 유발할 수 있는 사람의 신체를 촬영 대상자의 의사에 반해서 촬영하는 행위를 규제하는 것인데요. 사람의 신체 중 어떤 부분이 성적 욕망 또는 수치심을 유발할 수 있는 부분인지에 대해서는 상당히 논란의 여지가 있습니다. 가령 휴대전화 카메라를 기울여서 치마를 입고 있는 여성의 속옷을 촬영하였다면 처벌 받아야 하는 것이 명백하지만, 같은 여성 전신을 먼 거리에서 정면 촬영하였다면 그 여성은 다소 불쾌한 감정이 들 수 있다고 하더라도 성범죄라고 할 수는 없을 것으로 보입니다.

이승우 법 규정에서 '성적 욕망 또는 수치심을 유발할 수 있는'과 같은 표현은 실제 판결에서 어떻게 적용되고 있습니까?

김상수 최근 대법원 판결을 하나 소개해드리겠습니다.

실제 사건

대법원은 2022년 3월에 1년 반 정도 동안 청바지를 입은 여성의 뒷모습 사진을 5천 장 이상 촬영한 혐의로 기소된 피고인에 대해서 유죄를 선고한 원심판결을 파기하면서 이런 내용으로 설시하였다. 촬영한 대상이 성적 욕망 또는 수치심을 유발할 수 있는 다른 사람의 신체에 해당하는지는 우선 객관적으로 피해자와 같은 성별 연령대의 일반적이고 평균적인 사람들의 관점에서 판단해야 한다.

> 그리고 사건 당시 피해자의 옷차림, 노출의 정도, 촬영자의 의도와 촬영에 이르게 된 경위, 또 촬영장소와 촬영각도 및 촬영거리, 촬영된 원판의 이미지, 특정 신체 부위의 부각 여부 등을 종합적으로 고려해서 판단하여야 한다고 판시하였다.

이승우 법원판결 포인트 어떻게 보고 계십니까?

김상수 이 사건은 청바지를 입은 사진을 찍었기 때문에 무죄라고 한 것은 아니었습니다. 대법원이 5천 장의 청바지 사진에 대하여 전부 무죄 취지로 파기환송한 것이 아니라 요건에 부합하는 것과 그렇지 않은 부분을 분리해서 유무죄 판단을 해야 했다는 취지로 원심을 파기한 것입니다.

이승우 즉 각각의 사진파일을 다시 한번 검토를 하고, 유무죄를 구분하라는 취지로 파기환송한 것이다.

김상수 결국, 형사변호사의 적절한 조력을 받지 못할 때는 수사나 재판 편의에 따라 일부 마땅한 형사처벌을 받는 부분이 있다고 하더라도 무죄로 판단되어야 할 부분까지 모두 유죄가 인정될 수 있는 사례가 있으므로 주의를 할 필요가 있습니다.

이승우 그렇군요. 그런데 카메라 등 이용 촬영행위 자체에 대한 어떤 유무죄 판단 기준 자체에 대한 갑론을박이 존재하죠?

김상수 여기서 문제는 법률상 '성적 욕망 또는 수치심을 유발할 수 있는 사람의 신체'라는 부분이 명확하게 규정되기 어렵습니다. 형법에는 명확성의 원칙이라는 대원칙이 있는데요. 원칙에 위반이 되는지에 대해서 촬영자나 피촬영자의 관점에서 논란의 여지가 많은 것은 사실입니다. 이런 부분은 입법과정에서 최대한 법률의 규정을 명확히 하여야 할 것으로 보입니다.

이승우 객관성 자체를 담보할 수 없는 표현이고, 피해자의 주관적인 의사에 따라서 평가가 바뀔 수도 있으며, 모호하고 명확한 기준이 될 수 없다는 것이 갑론을박의 근본적인 원인이 되었다는 말씀이신 것 같습니다. N번방 사건 이후에 디지털 성범죄가 큰 주목을 받고 있습니다. 관련 법률규정들은 어떻게 되어있습니까?

김상수 소위 디지털 성범죄로 분류될 수 있는 유형의 범죄는 다양합니다. 크게 성폭력 촬영물과 관련한 촬영, 합성, 유포, 소지 등의 범행과 촬영물을 이용한 협박, 또 강요에 대해서 처벌하는 규정이 있고, 다른 한편으로는 사이버 공간 내의 성적 괴롭힘에 대해서 처벌하는 규정으로 분류될 수 있습니다. 관련 법률로는 성폭력범죄의처벌등에관한특례법, 아동청소년의성보호에관한법률 및 정보통신망이용촉진및정보보호등에관한법률 등이 있습니다.

법적 대응과 조력

이승우   최근 일어나는 디지털 성범죄 유형의 핵심은 '성착취물 제작 소지'입니다. 그리고 그 착취물 등을 이용하여 협박, 강요하는 행위로 나아가는 범죄가 아주 가파르게 상승하고 있습니다. 이와 관련하여 스마트폰이라고 하는 영상제작 도구가 나의 손에 있고, 또 범죄자의 손에 있다는 점을 기억하셔야 됩니다. 성착취물을 제작 및 소지하여서도 안 되며, 이를 이용하여 협박이나 강요를 하는 행위도 적극적으로 차단되어야 할 것입니다. 실제 N번방 사건 이후로 디지털 성범죄 사건들을 보면 구성요건이 변경되면서 어려운 법적 개념들이 많이 들어왔습니다. '제작', '소지'와 같은 개념들도 실제로 법을 적용하는 것을 보면 여러 가지의 관점을 포괄하고 있는 것으로 보이기 때문에 해석론에 있어서 갑론을박이 불가피한 부분들이 있습니다. 이에 법리적인 변호사의 조력을 받아서 문제를 해결해 나가는 것은 반드시 필요할 것으로 보입니다.

김상수 또한, 디지털 성범죄에 관하여 증거수집 과정에서의 문제를 포함하여 또 다른 문제들이 발생할 수 있습니다. 죄를 짓지 않고 생활하는 것이 당연한 일이지만 순간의 유혹을 이기지 못하고 형사처벌을 받을 상황에 처한다면, 본인의 행위에 대해서 합당한 처벌을 받는 것을 넘어서 그 처벌 받을 대상이 아닌 행위에 대해서까지 형사책임을 지게 되거나 또 형사절차적으로 부당한 처벌을 받게 되는 일을 피하기 위해서는 형사변호사의 조력이 필요하다고 생각됩니다.

이승우 최근 입법된 여러 성범죄 및 디지털 성범죄와 관련된 규정들이 법리적으로 까다롭다고 보십니까?

김상수 구성요건에 대해서 해석하는 것 자체에 대해서는 어려움을 느끼지 않지만, 일반인들이 봤을 때 이것이 소지에 해당하는지 혹은 내가 만약에 성착취물을 제작했다면 소지의 문제까지 추가적으로 처벌을 받는지 등에 대하여 당사자로서는 사실 판단하기 힘든 경우가 많이 있습니다. 그리고 N번방 사건 이후로 성폭력 범죄 처벌법 등이 개정되면서 촬영물 이용 강요나 협박 등에 대해서는 강간과 유사하게 법정형이 비슷한 수준으로 올라갔고, 실제로는 처벌 수위에 있어서는 합의가 이루어지지 않는다면 대부분 실형을 받게 됩니다. 이는 초범이어도 실형을 피할 수 없게 되었습니다. 이처럼 강력하게 처벌을 하고 있다는 점 주의하셔야 합니다.

방송일 : 2022년 5월 4일 (수요일)
#디지털성범죄 #N번방사건 #불법촬영 #형사변호사

12

의료사고 CCTV 안 줄 땐 이것부터 확보

의료사고와 수술실 CCTV

진행 : 이승우 변호사
대담 : 신명철 변호사

(1) 오늘의 주제

이승우 변호사(이하 이승우) 백문이 불여일견! 의료사고 문제를 수술실 CCTV로 해결할 수 있을 것인가? 혹은 새로운 문제의 시작이 될 것인가? 국회는 2021년 8월, 수술실에 CCTV를 설치하는 의료법 개정안을 본회의에서 통과하였습니다. 관련하여 함께 알아보겠습니다. 의료전문 변호사로서 일단 수술실 CCTV 설치가 언제부터 의무화되는지 설명을 해주시죠.

신명철 변호사(이하 신명철) 개정안 내용은 전신마취로 환자가 의식이 없는 상태에서 수술을 시행할 때는 환자 등의 요청이 있으면 CCTV로 촬영을 해야 하고, 이러한 영상정보를 수사나 재판 업무 등에 활용할 수 있도록 한 법률입니다. 2023년 9월부터 시행되고 있습니다.

이승우 수술실 CCTV 없이 의료진의 과실을 밝히는 건 굉장히 어려운 일이죠?

신명철 의료사고는 흔히 법원에 한 번도 안 가본 사람은 있어도 병원에 한 번도 안 가본 사람은 없다고 할 정도로 교통사고와 같이 아주 흔한 사고입니다. 그러나 교통사고는 블랙박스가 보편화되어 있어서, 사고의 정황이나 과실 여부를 명확하게 알 수 있는 반면, 의료사고는 고도의 전문 영역으로 사고의 정황을 그 의사가 작성한 의무기록에만 의지해야 합니다. 감정 또한 동료 의사들이 진행하기 때문에 보수적이므로 감정에서 과실을 밝히기 어려운 실정입니다. 앞으로 교통사고에서 블랙박스와 같이 수술실 CCTV가 의무화된다면, 의료소송에서는 사건의 정황을 밝히는 데 도움이 클 것으로 예상됩니다.

이승우 즉, 수술실 CCTV 설치를 통하여 피해자 측의 객관성을 담보할 수 있는 확실한 증거가 발생될 수 있다는 것인데, 그렇다면 의료계는 지금까지 이와 같은 객관성이 있는 증거자료에 대하여 반발한 이유가 무엇입니까?

신명철 사실은 누구든지 내가 하는 일을 녹음이나 녹화한다면 기분이 나쁠 수밖에 없겠죠. 보수적이고 방어적으로 일할 수밖에 없고요. 의료계의 경우에 현재 외과 기피 풍조가 아주 심각한 상황에서 수술을 전부 CCTV로 촬영하는 등의 감시행위를 한다면, 외과 기피 풍조가 더 심화되고, 어려운 수술은 피하려고 하는 방어적 의료행위를 할 수밖에 없다는 등의 이유로 반발하고 있습니다.

실제 사건

CCTV가 의무화되기 이전에도 의료사건에서는 CCTV는 아주 중요한 자료였다. 실제 수행한 의료소송건의 경우 의뢰인의 어머니는 서울의 큰 종합병원에 입원 중이었다. 어머니가 입원한 병실이 보호자나 간병인들이 상주할 수 없고, 병원에서 간호간병을 24시간 수행하는 그런 병실이었다. 의료진은 가족들에게 '어머니의 추가검사만 마치면, 곧 퇴원조치를 하겠다'고 말한 상황이었다. 그런데 검사 중에 갑자기 어머니가 식물인간이 되었다고 가족들에게 연락이 온 것이다. 이에 가족들이 이유를 묻자, 어머니가 검사 중에 갑자기 심장마비를 일으켜서 즉시 응급조치를 했는데, 뇌손상으로 식물인간이 되었다는 것이다. 어머니가 위치했던 곳에 다행히 CCTV가 설치되어 있어서 가족들이 병원에 CCTV의 열람과 제공을 요청했지만 병원은 이를 거부했다.

이승우 여기가 바로 사건의 포인트가 아닐까 싶은데요. 이렇게 병원이 CCTV 자료제공을 거부한다면 어떻게 해야 합니까?

신명철 이러한 경우 CCTV에 대한 증거보전 신청을 해야 합니다. 증거보전 신청이란, 소송 전에 소송의 중요한 증거가 멸실이나 훼손될 위험이 있으면, 미리 법원에서 확보할 수 있도록 신청하는 절차입니다. 해당 사건 역시 신속하게 증거보전 신청을 해서 인용결정을 받았고, 법원을 통해 CCTV를 확보했습니다. 이후 CCTV를 자문의사들과 함께 분석한 결과, 의뢰인의 어머니가 간호간병 없이 장시간 방치되었고, 심정지가 발생한 이후 뒤늦게 응급조치가 시행되어서 어머니가 심정지로 괴로워하는 모습 등이 전부 녹화된 것을 확인하게 되었습니다. 그래서 이를 근거로 의료소송을 제기했고요. 진료기록에 대한 감정, 또 어머니에 대한 신체감정 등을 통해서 의료과실과 손해배상액을 입증하였고, 과실을 인정받는 판결을 선고받았습니다. 이 사건에서 병원은 의료과실을 강하게 부인했는데요. 만약 CCTV가 없었다면 승소하기가 쉽지 않았을 것으로 생각됩니다.

이승우 의료소송이라는 것이 어떠한 법적 조력 자체가 없는 상태라면, 개인이 풀기는 어렵다는 점이 특징이라는 느낌이 듭니다. 어떻습니까?

신명철   맞습니다. 사실 의료소송은 변호사들도 쉽게 수행하기 어려운 소송입니다. 의료과실의 영역이 매우 전문 영역이고, 의사 중에서도 해당 분야의 전문의가 아니면 알기 어려운 것들이 많기 때문입니다. 한편 의료소송에서는 필수적으로 감정을 거쳐야 하는데, 이 감정인들 또한 민간 의사들, 동료라고 할 수 있는 의사들이 많아서 과실 인정에 아주 보수적인 답변이 나오는 경우가 많습니다. 따라서 과실 입증에 필요한 감정결과를 이끌어내기 위하여 감정사항을 전문의와 전문변호사가 협업하는 것이 중요하며, 의료소송에 필요한 인력과 에너지가 상당하므로 어려운 소송이라고 하겠습니다.

이승우   이번 사건판결 결과는 어떻게 나왔습니까? 또 손해배상 책임의 범위는 어떻게 인정이 되었죠?

신명철   해당 사건의 경우에는 사건정황에 대한 CCTV를 신속하게 확보할 수 있었기 때문에 의료과실을 밝힐 수 있었고, 그 결과 어머니께서 돌아가실 때까지의 치료비, 간병비, 위자료 등을 합한 억대의 손해배상을 받을 수 있게 되었습니다. 의료소송에서 손해배상은 치료비나 간병비, 수입 손해, 위자료 등으로 산정되는데, 다만 우리나라 법원은 의료소송의 실무상 의료행위 자체가 내재한 위험이 있어서 손해배상을 100% 배상하도록 판결하지 않고 있습니다. 그중에서

의사의 책임 범위를 정해서 판결하고 있습니다. 이 사건은 60% 정도 배상비율이 정해졌습니다.

법적 대응과 조력

이승우 의료소송의 공격과 방어에 있어서 객관적인 증거자료 확보는 매우 중요합니다. 의사 스스로의 안전을 확보하기 위한 방어를 위해서도 수술실 CCTV는 반드시 필요하다고 볼 수가 있습니다. 반대로 피해자 본인을 위하여, 혹은 피해자 가족들을 위하여 수술이 어떻게 이뤄지는지 객관적으로 확인할 수 있는 CCTV의 설치는 필요한 존재라고 보입니다.

신명철 의료사고라는 것은 누구든지 당할 수 있는 사고입니다. 혹여 의료사고를 당했다면 신속하게 의무기록을 확보하는 것이 필요하며, CCTV가 있다면 이를 확보하는 것이 중요합니다. 의무기록 같은 경우는 병원이 제공을 거부하면 의료법상 형사처벌이 되기 때문에, 비교적 제공을 쉽게 받을 수 있습니다. 2023년 9월부터 CCTV 설치가 의무화되어 제공받을 수 있는데요. 병원에서 CCTV 또는 의무기록 제공을 거부한다면 증거보존 신청을 통하여 신속하게 자료를 확보할 수 있고, 위변조 가능성 차단에 도움이 됩니다. 반대로 의료과실이 아닌데도 불구하고 의료사고가 발생하여 억울하게 환자들에게 시달리는 의사들도 아주 많거든요. 협박, 폭행, 명예훼손 등을 방지하기 위하여 민사 가처분이나 형사절차를 활용할 수 있습니다.

방송일 : 2022년 5월 3일 (화요일)
#의료사고 #수술실CCTV #의료과실 #의료소송

13

불황기 채권회수 팁은?

채권회수

진행 : 이승우 변호사
대담 : 김한울 변호사

(1) 오늘의 주제

이승우 변호사(이하 이승우) 오늘의 주제는 '채권회수' 관련 내용입니다. 우리나라 대출 채무현황 좀 간단하게 짚고 넘어가 볼까요?

김한울 변호사(이하 김한울) 최근 우리나라 가계대출은 물론 기업대출 규모도 가파르게 증가하고 있다는 지적과 우려하는 목소리가 사회적으로 높아지고 있습니다. 또한, 여러 분석결과를 종합해보면 이 같은 사회 전반적 부채 증가에 부동산담보대출이 큰 영향을 끼쳤다고 합니다. 이처럼 개인과 기업의 재정건전성이 점차 악화하면서 채무를 감당하지 못하고 파산이나 회생을 신청하는 일도 많아졌습니다. 대법원 통계자료에 따르면, 2023년 1분기를 기준으로 개인과 법인 회생신청 건수가 모두 2022년 1분기 대비 47% 이상 증가했고, 법인 파산신청 건수도 2022년 1분기 대비 50.9%가 증가했습니다. 즉, 누군가에게 받아야 할 돈이 있는데 원활하게 돈을 돌려받지 못하는 상황이 된다면, 내 채권을 어떻게 회수해야 할지 고민해야 하는 채권회수 비상상황이라고 표현할 수도 있겠습니다.

이승우 채권회수 관련해서 법적 절차를 말씀드리기 전에 앞서, 채권회수를 잘하시는 신용정보회사 대표님에게 '화내지 말고 매일 계속 같은 시간에 연락하여 변제요청을 해라. 그리고 여러 가지 이야기를 들어주고 길게 대화를 나눠라. 이 방법이 가장 효과적이다'라는 얘기를 듣기도 했습니다. 이 내용도 기억해두시면 좋을 것 같은데, 일반 사법적 절차는 어떻게 됩니까?

김한울 일반적으로는 내가 받아야 할 돈이 있는데 원활하게 받지 못하는 상황이 되면, 결국 민사소송을 제기하고 재판에서 승소한 다음에 강제집행을 통해서 채권을 회수해야 합니다. 그런데 여기서 문제는 강제집행을 하려면 채권자가 재산을 가지고 있어야 하죠. 채권자에게 재산이 있는데 또 어떻게 집행할지 막막한 경우도 있어 문제입니다. 오늘 주제가 바로 그런 부분인데요.

이승우 그중에서도 담보신탁 관련된 부분, 담보신탁이 되면 일단 포기해야 할 것 같다는 생각 먼저 들어요. 한번 자세히 얘기 들어보도록 하겠습니다. 본격적으로 들어가기에 앞서서 우리가 채권을 회수하는 법적 절차, 이렇게 되면 판결받는다는 것과 경매한다는 것까지는 많은 분이 알고 계세요. 오늘 이야기와 차이가 나는 부분은 '판결을 안 받고 공매절차로 간다. 그래서 담보신탁이라는 것과 공매절차가 밀접하다'라는 부분이 있다고 생각이 되는데요. 근저당권하고도 어떤 차이가 있는지도 좀 궁금하기도 하고요. 또 이런 부분에 대해서 근저당권하고 담보신탁이 어떻게 다른 건지, 실제로 경매절차로 이루어지지 않고 담보신탁의 경우에 공매가 이루어졌을 때 남는 돈들을 우리가 가져올 방법이 있는 건지 등 여러 가지가 궁금하기는 합니다. 가장 먼저 채무자, 즉 돈을 빌리는 사람 입장에서 금융기관이나 은행에 돈 빌리면서 근저당권을 설정하는 경우와 또 담보신탁을 설정하는 경우가 서로 다르다고 말씀하셨어요. 이 두 가지가 어떻게 구분되는 걸까요?

김한울 일단 담보제공 방식으로 근저당권 방식과 부동산담보신탁 방식은 기능상으로는 유사한 점이 많습니다. 가장 크게 다른 점이 있다면, 대출을 받는 사람이 그대로 소유권을 가지게 되는 근저당권 방식은 많이 알고 계실 겁니다. 채무자가 금융기관에서 대출을 받으면서 내 부동산 명의를 그대로 가지고 있고, 거기에 대해서 금융기관은 돈을 빌려주고 근저당권설정등기만 하게 됩니다. 반면, 부동산담보신탁 경우에는 다른 것이 부동산 소유권을 채무자에서 부동산 신탁회사로 넘기게 되는 절차가 있습니다.

이승우 사용하고 쓰는 데에 제한이 생기는 건 아니죠?

김한울 네. 실질적인 사용이나 수익, 즉 부동산을 원래의 내 부동산과 같이 사용하고 이용하는 데에는 제약이 발생하지는 않습니다.

이승우 담보신탁이라는 의미가 담보 목적 신탁입니까?

김한울 네, 그렇습니다. 그래서 현재 실무상 금융기관에서 운영하는 것을 보면 주로는 제2금융권에서 많이 담보신탁 방식으로 대출이 발생할 수 있도록 상품을 운용하고 있습니다.

이승우 1금융권에서는 주로 근저당권 설정을 하는 방식을 취하고, 2금융권에 있는 회사들이 담보신탁을 비교적 더 많이 사용하고 있군요. 담보신탁을 이용하게 되면 대출받을 수 있는 금액이 늘어납니까?

김한울 대출금액하고는 큰 상관은 없습니다. 보통 대출을 해주는 금융기관과 마찬가지로 채무자는 근저당권보다는 큰 금액은 아니지만, 비용이 절감되는 부분이 있습니다. 그리고 큰 차이가 있다면 근저당권의 경우에는 대출을 받은 사람이 변제하지 못해서 담보가 처분되는 상황이 되면 근저당권은 법원경매 절차를 거치게 되는데요. 담보신탁의 경우에는 부동산신탁회사가 한국자산관리공사 홈페이지에 공매 공고를 하게 되고 경매처럼 진행됩니다. 거기서 낙찰이 된 사람과 매매계약을 체결하고, 그 대금으로서 대출금 상환에도 쓰이고, 남는 것이 있다면 대출을 받은 사람에게 돌려주게 되는데, 절차가 법원경매 절차보다 신속하게 진행되는 이점이 있습니다.

이승우 그렇다면 채권자 입장에서 돈을 회수해야 하는데 채무자가 부동산을 담보신탁해놨다면, 채권회수가 가능합니까?

김한울 나에게 돈을 줘야 할 채무자가 자기 명의로 부동산이 있는 것 같기는 한데, 부동산을 담보로 담보신탁 계약을 체결하고 대출을 받았을 때 강제집행을 하기가 막막할 수 있습니다. 왜냐하면요. 첫 번째로는 근저당권하고는 다르게 대출을 받는 사람(채무자)이 소유권을 계속 가지고 있지 않고 신탁회사로 소유권을 넘기는데 채무사 명의의 부동산이 아닌 것으로 등기부상 표시되기 때문에 이게 집행이 되는지, 한다면 어떤 방식으로 해야 되는지 굉장히 어려우실 수가 있습니다. 신탁법상 신탁재산에는 강제집행을 할 수 없다는 규정이 있습니다. 그래서 쉽게 포기하시는 경우도 있고요. 요약하자면 채무자, 담보신탁이라고 하는 방식을 이용해서 대출을 받은 채무자가 가지고 있는 신탁수익권을 압류하면 됩니다.

이승우 신탁수익권을 압류할 수 있고, 이를 통해 강제집행을 할 수 있다는 얘기인가요?

김한울 네, 그렇습니다. 신탁수익권으로는 담보신탁의 경우 신탁수익권이 소유권이전등기청구권의 모습으로 나타나게 될 수 있고, 부동산이 공매절차를 거친 다음에 남아있는 돈, 정산금을 돌려받을 금전채권으로 형태가 나타나게 될 수도 있습니다.

이승우 담보신탁의 신탁수익권을 압류하거나 가압류해야 된다. 그 신탁수익권의 내용이 두 가지일 경우가 있다. 하나는 정산금, 남는 돈일 수 있고, 하나는 담보신탁 계약이 해지되는 것을 전제로 하는 개념으로 소유권이전등기청구권 자체가 될 수가 있다는 거네요.

김한울 네, 그렇습니다.

방송일 : 2023년 9월 5일 (화요일)
#채권 #담보신탁 #대출 #범죄

14

닿지도 않았는데 뺑소니?
무조건 하차

뺑소니

진행 : 이승우 변호사
대담 : 박은국 변호사

(1) 오늘의 주제 및 실제 사건

이승우 변호사(이하 이승우) 우리는 편리함과 빠름을 사랑하죠. 하지만 언제나 대가와 책임이 반드시 따르게 되어있습니다. 편리함만을 추구하다가 크게 책임지는 사고인 뺑소니! 오늘 함께 알아보도록 하겠습니다. 변호사님, 오늘 어떤 사건 얘기입니까?

박은국 변호사(이하 박은국) 운전하다가 상대방과 접촉도 하지 않은 경우에도 뺑소니가 될 수 있다는 것을 알려주는 사건입니다. 업무를 마치고 운전하며 복귀하던 중 우측으로 차선변경을 시도하였는데, 사각지대 경고음이 들려와 원래 차선으로 다시 돌아와 계속 주행을 하던 중 우측에서 달려오던 화물차량이 운전자를 지나치며 도로에서 뒤집히는 것을 보았던 것입니다.

이승우 뒤에서 오던 차량이 갑자기 앞으로 나가면서 전복되었지만 서로 접촉된 것은 없었다.

박은국 네. 운전자는 사고를 목격하고 매우 놀랐는데, 나와 차량 접촉이 없었으니까 나로 인해 전복된 것이라는 것은 상상도 못했고, 회사로 서둘러 복귀하는 중이었으므로 사고가 잘 수습되기를 바라며 계속 운전했던 것입니다. 그런데 2주 뒤에 경찰 연락을 받고 피의자 신분으로 뺑소니로 처벌될 수 있고, 면허가 취소될 수 있다는 연락을 받고 너무 놀랐던 것입니다.

이승우 차량이 접촉하지 않아도 뺑소니가 된다는 얘기 같은데요. 이 사건의 포인트를 이렇게 보십니까?

박은국 사건 발생에 있어 조금이라도 나 때문에 발생한 것이라고 생각이 든다면 정차를 하고 구호조치를 했어야 한다는 것입니다.

이승우 그렇다면 이 내용과 관련하여 연락을 받은 운전자는 상당히 당황했을 것 같은데요. 판결결과는 뭐였습니까?

박은국 이 사건은 경찰에서 조사를 마치고 기소의견으로 검찰로 송치가 되었는데, 검찰에서는 가해 운전자가 차로변경을 시도하다가 원래 차로로 복귀한 점, 피해자가 차로 변경하는 가해차량을 피하려다가 전도된 점, 가해자와 피해자 간의 접촉이 없었던 점, 가해자가 사고 후 구호조치를 하지 않은 점은 모두 인정되지만, 차로 변경한 것과 피해자의 차량전복 사고 간의 인과관계를 가해자가 인식하지 못했다는 판단을 받아서 결국 혐의없음, 즉 불기소 처분을 받았습니다.

이승우 차로변경을 하는 행위가 있었다는 점과 여러 가지 사고발생 자체는 인정되지만 사고발생과 관련하여 '나의 문제다. 또 가해 차량의 책임이다'라는 것을 인식하지 못했던 점이 인정되어 결국 불기소 처분이 나왔다는 그런 말씀이시네요. 그렇다면 애매하게 사고가 발생한 것 같고, 내 책임인지 아닌지 헷갈리는 상태라면 운전자는 일단 멈추는 게 좋은 건가요?

박은국 네, 그렇습니다. 내 옆에서 사고가 일어났을 때, 다른 원인으로 사고가 발생한 것인지, 혹은 나로 인하여 사고가 난 것인지 불명확하지만 나 때문에 발생했을지도 모른다는 생각이 든다면 일단 정차하여 피해 차량의 운전자를 구호조치하라는 것이 뺑소니법의 취지입니다.

이승우   그럼 만약에 정말 급한 일이 있는 상황에서 사고가 위험한 상태가 아니라는 정도를 확인했을 때, 피해당한 사람이 크게 다친 상황이 아니라면, 나는 명함만 주고 가면 됩니까?

박은국   실제로는 명함만 주고 가는 것으로는 부족합니다. 명함을 주는 것이 신원정보를 제공하겠다는 의미이지만, 뺑소니법은 구호조치까지 하라는 취지이므로 꼭 피해차량의 운전자가 얼마나 다쳤는지 확인하고, 치료가 필요하면 구호조치까지 해야 하며, 피해자가 스스로 구호조치가 필요 없다 하더라도 보험접수 처리를 해서 필요할 경우 치료를 받을 수 있도록 해야 합니다.

이승우   사고 관련하여 피해자를 안전하게 만들어 놓고 떠나라는 의미로 해석해야 한다는 말씀이네요. 그럼 뺑소니 사건들에 숨어 있는 법률에는 어떤 게 있는지 구체적으로 짚어주시죠.

박은국   법률은 자동차의 교통으로 인하여 실수로 사람을 다치게 한 해당 차량의 운전자가 피해자를 구호하는 등의 조치를 하지 아니하고 도주한 경우에는 징역 1년 이상 30년 이하,

또는 벌금 5백만 원 이상 3천만 원 이하로 처벌하고, 사람이 사망에 이른 경우에는 무기 또는 5년 이상의 징역에 처하라고 강력하게 규정하고 있습니다.

이승우 즉, 교통사고로 인하여 사람을 다치게 했다면 구호조치하고, 구호조치를 하지 않고 현장 이탈을 했다면 형사처벌을 강력하게 하겠다.

박은국 결국, 구호조치하지 않고 그냥 도주한 경우 가해자에게 강한 윤리적 비난을 하겠다는 것이고요. 피해자의 생명, 신체, 안전에 대한 보호도 있지만, 누가 사고를 일으켜서 피해보상을 책임져야 하는지의 불분명해지는 위험을 없애려는 것입니다.

이승우 배상책임 주체의 불분명성을 만들면 안 된다.

박은국 네, 그렇습니다. 그리고 이런 사람을 처벌하지도 않고 면허취소 없이 계속 위험하게 운전을 하도록 방치하여 추후에는 사회에 중대한 지장을 초래할 수 있는 위험을 없애려는 취지입니다.

이승우 알겠습니다. 오늘 다루어주신 사고도 특이하기는 한데요. 뺑소니 사건과 관련된 정말 다양한 주제들이 있을 것 같습니다.

박은국 막힌 길을 정차해서 따라가던 중에 2차선 사이로 오토바이가 지나가다가 우측 사이드미러에 부딪혀서 넘어졌을 때 일어난 사건입니다. 차량 운전자는 별로 잘못한 것 없이 오토바이가 와서 내 차량에 부딪히고 넘어진 상황에서 오토바이 운전자가 차량 운전자에게 죄송하다고 인사를 하고, 차량 운전자는 사이드 미러가 큰 흠집이 없는 것을 확인한 뒤에 지나갔는데 오토바이 운전자가 뺑소니로 신고한 사건도 있습니다. 이 경우도 뺑소니로 처벌받게 됩니다.

이승우 그럴 경우는 어떻게 처리하면 좋을까요?

박은국 내가 서행하면서 운전을 하던 상황이고, 남이 와서 부딪혀 사고가 발생했는데 구호조치를 취하지 않았다는 상황인데, 이때에도 바로 정차해서 오토바이 운전자가 크게 다쳤는지 확인해야 합니다.

이승우 정리하면 누가 과실이 큰지 중요한 것이 아니라, 구호조치를 해야 하는 상황이 발생했으면 구호조치를 해야 하고, 조치를 하지 않은 상태로 이탈하면 뺑소니가 될 수 있다는 것입니다. 운전면허 재취득과 관련된 문제가 크죠?

박은국 이 사건은 기소유예 처분을 받았는데, 기소유예 처분을 받게 되면 면허취소가 되었더라도 즉시 재취득이 가능하며, 벌금형을 받을 경우에는 4년간 재취득이 되지 않아, 4년간 운전을 할 수 없는 상황이 됩니다. 이 상황에서 가장 중요한 포인트는 차량을 정차하여 구호조치를 함으로써 아무 문제 없게 하는 것이 제일 중요하지만, 혹시 뺑소니로 처벌 받더라도 다시 운전할 수 있는 상황이 되도록 하는 것이 좋겠습니다.

법적 대응과 조력

이승우 뺑소니는 언제 어디서든 일어날 수 있는 일이죠. 교통사고 뺑소니란 무엇인가? 인명 구호조치를 하지 않고 현장을 이탈하는 것을 뺑소니라고 합니다. 그리고 양형과 관련하여 기억해야 할 점은 피해자와의 합의, 즉 합의 포인트를 만들어주는 것이 굉장히 중요합니다. 그리고 합의를 통해서 기소유예를 받게 되면 관련된 유예기간 없이 바로 면허를 재취득할 수 있다는 점을 함께 기억해주시면 좋겠습니다.

박은국 사고가 발생하면 일단 정차하여 하차한 뒤, 피해자의 상태를 확인하고 나의 정보를 교환하면서 보험회사에 사고접수를 하여 처리하는 것이 가장 좋습니다.

방송일 : 2022년 5월 2일 (월요일)
#뺑소니 #음주운전 #뺑소니법 #구호조치

15

"왜 월급 안 줘요?" vs. "회사가 어려워서"… 법적 대응한다

임금·퇴직금 체불

진행 : 이승우 변호사
대담 : 최정아 변호사

(1) 오늘의 주제 및 법적 이슈

이승우 변호사(이하 이승우) 지금 한국 경제에 다각도로 비상등이 켜졌습니다. 정부와 국회는 뾰족한 해법 없이 폭탄 돌리기를 하고 있고, 기업과 가계는 각자도생의 길을 찾고 있습니다. 이런 경기 하락에는 다수 기업의 도산과 근로자들의 임금과 퇴직금 체불이 뒤따르게 됩니다. 오늘은 못 받은 임금과 퇴직금을 어떻게 받을 수 있는지에 대해서 함께 알아봅니다. 먼저, 오늘 준비해 오신 사건내용부터 살펴보죠. 변호사님, 어떤 사건인가요?

최정아 변호사(이하 최정아) 2022년 5월 울산지방법원은 설계사무소를 운영하며 근로자 1인에 대하여 370여만 원의 임금, 휴업수당, 연차미사용수당을 체불한 피고인에게 벌금 70만 원을 선고했습니다. 피고인은 입사 전 교육을 위해 출근한 기간이나 근로계약서 작성 이전의 기간은 근로기간에서 제외해야 한다고 주장하였지만, 임금을 산정함에 있어 실제 근로가 개시된 날을 기준으로 삼아야 한다는 이유로 모두 받아들여지지 않았습니다.

이승우 이런 임금체불로 실형이 선고되는 경우도 적지 않다고 들었는데요. 체불금액에 따라서 처벌형량이 어떻게 달라지나요?

최정아 일반적으로는 체불임금이 많을수록, 피해자가 많을수록 실형 위험이 올라가게 됩니다. 그러나 체불금액이 적더라도 악의적인 미지급, 근로자에게 심각한 피해를 야기한 경우, 범행에 취약한 피해자들, 예를 들어 외국인이나 장애인, 혹은 연소자에 대하여 임금을 체불한 경우, 혹은 피지휘자에 대한 교사에 해당되는 사안에 대해서는 '높지 않은 체불금액'으로도 실형이 선고되고 있습니다. 이때 악의적인 미지급이란 임금 중 지급의무가 명백함에도 부당한 이유를 들어 지급을 거절하는 경우, 발주자 또는 상급수급인으로부터 도급대금을 지급받고도 근로자에게 우선지급을 하지 않는 경우, 지급의무를 면탈하기 위해 책임재산을 은

닉하거나, 가장폐업 또는 명의상 업주를 내세워 동종 또는 유사업체를 운영한 경우를 의미합니다.

이승우 반대로 참작되는 사유는 무엇이 있습니까?

최정아 반대로 거래처의 도산, 발주자 또는 직상수급인의 대금 미지급 등 외부적 요인에 의한 재정악화로 임금 등을 지급하지 못하게 된 경우, 이미 경영이 악화된 상태의 사업체를 인수한 경우에는 참작 고려를 받게 됩니다.

이승우 자, 그럼 관련 법률내용을 자세히 정리해주시죠.

최정아 근로기준법에 따르면, 임금은 매월 1회 이상 일정한 날짜를 정해 지급해야 하고, 사용자의 귀책사유로 휴업하는 경우에도 원칙적으로 평균임금의 70% 이상을 휴업수당으로 지급해야 합니다. 퇴직금에 한하여 특별법인 근로자퇴직급여보장법에 따라 보장받게 되는데, 이 법은 근로자를 사용하는 모든 사업 또는 사업장에 적용되기 때문에 사용자는 5인 이상 사업장인지와 상관없이 근로자에게 퇴직금을 지급해야 합니다. 사용자는 근로자가 퇴직한 경우에는 14일 이내에 임금, 보상금, 퇴직금 등 모든 금품을 지급해야 하고, 퇴직연금에 가입되었다고 하더라도 연금급여 수준이 퇴직금 액수에 미치지 못할 경우 마찬가지로 14일 이

내에 부족한 부분을 근로자에게 지급해야 합니다. 기한 내에 지급되지 않은 임금에 대하여는 연 20%의 이자가 적용됩니다. 임금을 제때 지급하지 않거나, 퇴직 14일 이내에 임금을 지급하지 않을 경우 근로기준법에 따라, 퇴직 14일 이내에 퇴직금을 지급하지 않을 경우에는 근로자퇴직급여 보장법에 따라 3년 이하의 징역 또는 3천만 원 이하의 벌금에 처해질 수 있습니다.

이승우 네, 관련해서 근로기준법 위반, 임금체불, 퇴직급여법 위반일 때 주목해야 할 점이 반의사불벌 조항이 있다는 점이죠? 그 부분도 짚어주시죠.

최정아 임금이나 퇴직금 체불이 발생할 경우 근로감독관이 사건을 수사하여 죄가 되면 해당 범죄를 검찰에 송치하게 되고, 기소되면 법원에서 재판을 받게 됩니다. 다만 죄가 되더라도 임금체불이나 퇴직금 미지급으로 인한 범죄는 모두 반의사불벌죄에 해당하기 때문에, 피해자인 근로자와 합의하여 '처벌 불원서'를 수사기관에 제출하면 사건이 마무리됩니다. 그래서 수사과정 중인 사업주는 체불급여 등을 조속히 급여할 것을 계속해서 요구받게 되고요. 또한, 합의를 하도록 권하게 되어있습니다. 다만, 임금 등을 체불한 사용자가 처벌을 피하기 위해서는 반드시 1심 판결선고 전까지 피해자의 처벌불원의사가 표시되어야 합니다.

이승우 그런데, 사업주가 돈이 없을 수도 있잖아요? 사업주를 대신해서 국가가 받지 못한 임금을 지급하는 내용의 법률도 있죠? 어떤 내용인지 짚어주시죠.

최정아 근로자가 기업의 도산 등으로 인하여 임금 등을 지급받지 못한 경우에, 국가가 사업주를 대신하여 일정 범위의 체불임금 등을 지급하는 것을 과거에는 흔히 '체당금'이라고 불렀는데요. 국가가 사업자를 대신하여 일정 범위의 체불임금 등을 지급하는 근거가 되는 법률인 임금채권보장법에서는 이를 '대지급금'이라고 부르고 있습니다. 법에 따라서 고용노동부장관은 사업주를 대신하여 근로자에게 대지급금을 지급하고, 그 지급한 한도에서 그 근로자가 해당 사업주에 대하여 미지급 임금 등을 청구할 수 있는 권리를 대위합니다. 쉽게 말하자면, 국가가 사업주를 대신하여 근로자에게 임금 등을 지급한 뒤, 사업주에게 지급한 돈 상당의 지급을 청구하는 것입니다. 이때 고용노동부장관은 대지급금 지급에 드는 비용에 충당하기 위하여 사업주에게 부담금을 징수할 수 있습니다. 만약 거짓이나 그 밖의 부정한 방법으로 대지급금을 받는 경우 3년 이하의 징역 또는 3천만 원 이하의 벌금처벌을 받을 수 있고, 부당하게 대지급금을 받기 위하여 거짓의 보고증명 또는 서류제출을 한 사람은 2년 이하의 징역 또는 2천만 원 이하 벌금의 처벌을 받을 수 있으므로 거짓으로 대지급금을 신고하는 일은 없어야 합니다.

이승우 퇴직금, 임금 등을 지급받지 못한 근로자는 지방노동관서에 '지급을 위한 진정'을 하거나 고용주를 근로기준법 위반으로 처벌해 달라고 '고소'할 수 있습니다. 이와 함께 '산재보험 적용대상 사업장'에서 '6개월 이상' 근로한 근로자는 사업주 또는 기업에 대한 회생절차개시결정 또는 파산선고결정을 받거나 임금 등에 대한 확정판결, 조정결정, 이행권고결정 확정이 된 경우, '체불임금 등·사업주 확인서'를 사업주로부터 작성받은 때에는 고용노동부에 지급받지 못한 임금 등의 지급을 청구할 수 있고, 고용노동부장관은 사업주를 대신하여 '일정 범위의 임금과 퇴직금'을 지급합니다.

최정아 임금체불 사건에서 가장 중요한 것은 이를 해결하고자 하는 사업주의 의지와 노력입니다. 충분한 대화를 통해 서로를 이해할 필요가 있고, 사업주는 체불임금 전체를 지급하지 못하더라도 어떻게든 임금체불을 해결하겠다는 의지가 필요합니다. 사업주가 적극적인 노력을 보여주게 된다면, 설령 체불임금을 다 주지 못하더라도 진실한 노력이 재판에서 고려될 수 있습니다.

방송일 : 2022년 10월 7일 (금요일)
#임금체불 #퇴직금체불 #고용노동부 #채당금

16

조두순, 이영학, 강호순 공통점?
'동물학대'

동물학대

진행 : 이승우 변호사
대담 : 박세미 변호사

(1) 오늘의 주제

이승우 변호사(이하 이승우)   인간이 생명을 침해하고 생명을 빼앗는 행위는 동물로부터 시작돼서 고등동물인 인간을 향할 수 있다고 합니다. 우리를 위해서 동물학대에 관심을 가지고 지켜봐야 할 것 같습니다. 사건파일 오늘의 주제는 '동물학대'입니다. 특히, 동물학대 관련된 사건기사들이 종종 나오고 있는데요. 변호사님, 그 후 처벌은 어떻게 되고 있습니까? 관련 법률도 같이 짚어주시죠.

박세미 변호사(이하 박세미)   관련 법률은 동물보호법인데요. 고통을 느낄 수 있는 신경체계가 발달한 척추동물인 포유류, 조류, 파충류 등 흔히 반려동물로 사람들이 널리 기르고 있는 개, 고양이 등을 동물로 규정하고 있습니다. 동물보호법에서는 동물학대를 동물을 대상으로 정당한 사유 없이 불필요하거나 피할 수 있는 신체적 고통과 스트레스를 주는 행위 및 굶주림, 질병 등에 대하여 적절한 조치를 게을리하거나 방치하는 행위로 규정하고 있습니다. 금지되는 동물학대에 대하여 제8조에서 구체적으로 정하고 있는데, 잔인한 방법으로 죽음에 이르게 하는 행위, 공개된 장소에서 죽이거나 같은 종류의 동물이 보는 앞에서 죽이는 행위, 굶어 죽게 하는 행위, 상해를 입히는 행위, 도박에 이용하는 행위, 유기하는 행위 등을 금지하고 있습니다. 동물을 죽음에 이르게 하는 학대행위의 경우 3년 이하의 징역 또는 3천만 원 이하의 벌금에 처해질 수 있습니다. 법원은 2019년도 이후부터 사안에 따라 특히, 잔인하게 동물을 죽음에 이르게 한 학대행위의 경우 동물학대죄로 실형을 선고하는 경우가 있으나, 보통 징역형의 집행유예와 벌금형을 선고하고 있습니다.

이승우 반려가구 통계에 따르면, 반려동물을 키우는 가구는 313만 가구 정도이며, 전체 가구 중에 15% 정도가 반려동물을 키우고 있는 것으로 나타났습니다. 한편, 코로나19 바이러스가 잠잠해지면서 거리두기가 해제되니까 반려동물 유기가 많이 늘었다는 보도가 나오고 있는데, 이러한 동물유기도 처벌을 받게 됩니까?

박세미   네, 그렇습니다. 동물보호법 제46조 제4항에 의하여 동물을 유기한 소유자 등은 300만 원 이하의 벌금형 처벌을 받을 수 있습니다.

실제 사건

오리 가족 학살범 사건

각종 커뮤니티에 경찰관이 붙인 것으로 보이는 전단지 사진이 올라오며, 새끼오리 가족의 비극은 큰 논란이 되었다. 전단지에는 방학천 마스코트인 새끼오리 가족을 돌팔매질하여 죽인 두 남성의 사진과 두 남성에게 강력한 처벌을 경고하며 자수할 것을 권유하는 내용이었다. 주민들의 주장에 따르면 오리 학대가 한 번이 아니라는 것이다. 경찰이 인지한 사건 이전에도 문제의 남성들은 오리 떼를 향해 돌팔매질하여 새끼오리가 목이 꺾일 정도로 다친 적이 있으며, 수상한 남성들이 방학천 벽에 표시하고 돌로 표적을 맞히는 연습을 하는 등의 모습을 인근 주민들이 목격하고 신고한 적도 있다고 전해졌다.

이승우   하천에 있는 오리를 상대로 반복적인 학대행위를 했던 형제들이라고 보도가 되었는데, 처벌이 어떻게 될 것이라고 예상하십니까?

박세미 이 사건에서 오리는 야생동물로, 동물보호법이 아닌 야생동물보호법 위반죄가 적용됩니다. 이는 동물학대죄와 마찬가지로 야생동물을 죽음에 이르게 한 경우 3년 이하의 징역 또는 300만 원 이상 3천만 원 이하의 벌금형으로 처벌됩니다.

이승우 반려동물뿐만 아니라 야생동물에도 동일한 처벌형량이 있군요.

박세미 네, 그렇습니다. 2022년 6월 23일 서울 도봉경찰서는 CCTV를 추적하여 암컷 성체 한 마리와 새끼 5마리 등 오리 6마리를 여러 차례 돌을 던져 죽인 혐의로 10대 청소년 형제를 입건하였습니다. 형제는 오리를 잘 맞추기 위하여 연습했다는 점과 며칠에 걸쳐서 오리를 학대하였다는 점, 야구선수와 같이 풀 스윙으로 돌팔매질하고, 그 수법이 잔인한 점 등에서 죄질이 좋지 않아 비난 가능성이 큽니다.

이승우 형제에게 상당히 높은 형량이 나올 수 있고, 동물학대죄 실현 가능성도 있다고 보시는 건가요?

박세미 그렇지만 10대 청소년이기 때문에 소년법이 적용될 가능성도 큽니다.

이승우 그렇군요. 사건을 하나 좀 더 살펴볼까요? 이번 사건은 개가 학대를 받은 사건이네요.

박세미 사업문제로 분쟁이 있던 상대방이 기르는 개에 목줄을 발로 밟아 움직이지 못하게 한 후, 주먹 또는 각목으로 때리거나 발로 걷어차고 6개월 정도에 걸쳐 학대하였다는 동물보호법 위반사안에 대하여 징역형을 선고하였습니다. 징역형을 선고한 판결이유 중 1978년 유네스코 세계동물권리선언을 시작으로 동물을 보호해야 한다는 인식이 강화되고 있다고 하였습니다. 따라서 동물을 학대하는 행위는 생명체에 대한 심각한 경시행위에 해당하는데, 이를 신경쓰지 않거나 방지하지 않으면 동물을 학대하는 사람이 언젠가 학대나 폭력 행위를 사람에게 하지 않을 것이라 단정할 수 없다고 판시하였습니다. 더 나아가 사회에서 가장 지위가 낮은 동물에 대한 혐오나 차별적 행동을 용인하거나 그 위법성을 낮게 평가한다는 것은 우리 사회가 그 밖에 사회적 소수자들에 대한 혐오와 차별, 폭력적 행동까지도 간과하거나 심각성을 인식하지 못한다는 것을 보여주는 반증이 될 수도 있기에 엄정한 죄책을 물어야 한다고 했습니다. 이 판결의 요지를 보면 동물이 고통을 느끼는 생명체임으로 보호해야 한다는 논의에서 더 나아가 동물학대는 심각한 생명경시 행위이며, 사회적 약자에 대한 혐오 내지 차별에 해당하는 행위임을 분명히 하고 있습니다. 특히나 법원이 동물학대에 대하여 어떤 태도를 가지고 있는지 찾아보고 싶은 분들은 울산지방법원 2019고단3906 판결을 참고하서도 좋습니다.

이승우 최근에 한 어류양식협회가 시위하면서 방어와 참돔을 길바닥에 패대기쳐서 죽였다는 것이 논란이 된 적이 있었는데요. 식용 물고기, 이것도 동물학대죄 대상이 됩니까?

박세미 동물보호법에서의 동물이 어류를 규정하고 있지만, 대통령령에서 식용을 목적으로 하는 것을 제외하고 있습니다. 방어와 참돔 같이 사람들이 널리 먹는 어종을 제외하고 있는데, 그 이유는 식용과정에서 필연적으로 수반될 수밖에 없는 학대행위를 범죄화하지 않겠다는 취지입니다. 이에 식용 물고기를 학대하더라도 동물보호법 위반대상이 되지 않습니다. 이 사안에 대하여 검찰에서도 동물보호법 위반 혐의를 적용하기 어렵다는 취지로 불기소 처분을 한 바 있습니다.

법적 대응과 조력

이승우 동물학대죄의 형량이 낮다는 지적은 굉장히 많이 있습니다. 그런데 이 형량을 높이는 문제보다는 동물학대죄의 행위의 경향을 분석해서 보호처분 또는 보호관찰 처분으로 피의자를 앞으로도 계속 관리관찰해 나가는 것이 필요하다고 생각합니다. 이와 같은 부수처분이라는 것이 필요하다고 생각이 듭니다. 이러한 범죄예방 행정확대를 위해서는 보호관찰소나 보호관찰직 공무원들에 대한 예산지원과 조직확대가 반드시 절실하게 필요한 상태라고 생각합니다. 오늘의 사건파일, 동물학대 사건을 살펴봤는데요. 동물학대 사건들을 그냥 지나치면 안 되는 이유 중 하나가 동물학대가 강력범죄 또는 연쇄살인과 연관성이 있다는 얘기가 나오는데요. 어떻습니까?

박세미 그렇습니다. 우리나라 연쇄살인범 중에는 대표적으로 도축장을 운영하며 개를 학대하여 죽음에 이르게 한 강호순, 살인하기 전 개를 상대로 연습한 유영철, 개를 벽에 던져 죽인 조두순, 개 6마리를 둔기로 내리친 이영학 등이 있습니다. 동물학대는 생명경시 행위이며, 소수자들에 대한 혐오와 차별, 폭력으로 발현될 수 있다는 것에 대하여 사회적 공감대가 형성되고, 법원도 이를 적극적으로 반영하여 강하게 처벌할 수 있는 계기가 되었으면 좋겠습니다.

방송일 : 2022년 7월 6일 (수요일)
#동물학대 #조두순 #반려동물 #연쇄살인범

17
노예놀이?
끔찍한 그루밍 성범죄

아동·청소년 성폭력

진행 : 이승우 변호사
대담 : 김낙의 변호사

(1) 오늘의 주제

이승우 변호사(이하 이승우)   아동·청소년에 대한 성범죄는 나날이 더욱 정교해지고 있죠. 친밀감을 이용한 성범죄! 사건파일 오늘 주제는 아동·청소년 성폭력 사건 중에서도 '그루밍 성폭력' 사건 얘기를 좀 해보려고 합니다. 변호사님, 그루밍 범죄는 여러 뉴스보도에서 들려왔는데요. 정확히 어떤 범죄를 말하는 겁니까?

김낙의 변호사(이하 김낙의)   그루밍은 가해자가 피해자에게 호감을 얻거나 돈독한 관계를 만들어서 심리적으로 지배를 한 뒤 성폭력을 가하는 유형의 범죄입니다. 보통 청소년이나 어린이를 대상으로 하고 있고, 이들은 아직 정신적으로 미성숙하기 때문에 세뇌당하기 쉽다는 취약점이 있습니다. 따라서, 자신들이 당하는 행위가 범죄라는 점을 인식하지 못하죠. 표면적으로는 마치 동의 하에 이루어진 것으로 보이지만 사실상 매우 중대한 범죄입니다.

이승우 정상적인 자기결정권 행사가 어려운 대상을 상대로 이루어지는 범죄라는 얘기시네요. 그러면 이제 오늘 가져오신 사건을 직접 만나볼까요?

실제 사건

이 사건 가해자는 14세 피해 여학생과 인터넷 채팅을 통해서 처음 알게 되었다. 채팅을 주고받으면서 가해자와 피해자는 서로 호감을 느끼게 되었고, 가해자는 피해자와 심리적으로 주종관계를 형성하였다. 가해자는 본인이 주인이라는 인식을 피해자한테 심어주고, 또 피해자는 역시 본인이 노예라는 주종관계를 인식하도록 관계가 형성되는데, 이 과정에서 범행이 발생한 것이다. 구체적으로 가해자는 피해 여학생이 자신의 허락 없이 새로운 계정을 만들어서 SNS에서 활동한다는 점을 구실 삼았고, 주인은 노예인 피해자에게 벌을 줄 수 있다는 핑계를 대면서 '벌을 받아야 될 거 아니냐'며 가해자의 집에 온 피해자로 하여금

> '주인님의 지시에 따라서 벌을 받으라'고 하면서 피해자의 신체 부위를 만지고 성관계를 하고, 그 모습을 가해자의 휴대폰으로 피해 여학생이 직접 동영상을 촬영하도록 하였다.

이승우 그루밍 사건! 내용만 들어서는 말이 안 되는 부분들도 있는 것으로 보이는데요. 법원의 판결은 어떻게 나왔습니까?

김낙의 이 사건은 징역 5년이 선고되었습니다. 정신적으로 성숙되지 않은 피해자를 상대로 음란물을 제작하고 성적 학대를 하였다는 점에서 죄질은 나쁘지만, 범행과정에서 가해자가 피해자를 협박하거나 폭행하였다는 정황이나 거부하는 정황은 보기 힘들고 초범이라는 점, 그리고 범행 당시에 19세 내지 20세에 불과한 점을 고려해서 결정하였습니다.

이승우 그루밍 성폭력 사건! 상당히 심각한 상태까지 진전할 수 있는 상황에 놓여 있는 것으로 보이는데, 관련 법률은 어떻게 되어있고, 또 그에 대한 처벌은 강력하게 이루어질 수 있는 구조에 있습니까?

김낙의 아동복지법 제71조 제1항 제1의2호, 제17조 제2호에 따르면, 아동에게 음란한 행위를 시키거나 이를 매개하는 행위 또는 아동에게 성적 수치심을 주는 성희롱 등의 성적 학대

행위를 한 경우 10년 이하의 징역 또는 1억 원 이하의 벌금에 처하도록 규정하고 있습니다. 아동복지법상 금지되는 성적 학대는 아동에게 성적 수치심을 주는 성희롱 등의 행위로 아동의 건강과 복지를 해치거나 정상적인 발달을 저해할 수 있는 성적 폭력 또는 가혹행위를 의미하고, 성폭력 정도에 이르지 않은 성적 행위도 성적 도의관념에 어긋나고, 아동의 건전한 성적 가치관의 형성 등 완전하고 조화로운 인격발달을 현저하게 저해할 우려가 있는 행위라면, 성적 학대행위에 포함하고 있습니다.

이승우 기본적으로 성적 자기결정권 행사는 미성년자의 경우 온전하게 행사하기가 어렵다는 법적 취지가 담겨 있고, 볼 수 있겠네요.

김낙의 이 사건에서는 아동복지법이 적용되었는데요. 그런데 이 사건 발생 이후인 2019년에는 13세 이상 16세 미만 아동·청소년에 대한 간음처벌 조항이 신설되었습니다. 13세 이상의 아동·청소년 중에서 16세 미만인 경우, 성적 행위에 대한 분별력이 완성되었다고 보기 어렵고, 궁박한 상태에서 의사결정이 더욱 제약되기 때문에 이러한 사정을 이용해서 아동·청소년을 간음, 추행하는 경우 처벌을 강화하기 위해 신설된 조항입니다. 만약 당시에 이 법률규정이 이미 제정이 된 상태였다면 이 사건에서도 이 조항이 적용될 여지가 컸을 것으로 보입니다.

이승우 실질적으로 해당 조항 자체가 그루밍 범죄를 타격하기 위해서 제정된 그런 규정이라는 말씀이시죠?

김낙의 네, 맞습니다.

이승우 설명해주신 그루밍 범죄에서 또 하나 문제가 되었던 중요한 부분이 성착취물 제작 부분이 있는데요. 이는 어떻게 처벌하고 있습니까?

김낙의 아동·청소년의 성보호에 관한 법률 제11조 제1항에 따르면 아동·청소년 성착취물을 제작한 경우 무기징역 또는 5년 이상의 유기징역에 처하도록 하고 있습니다. 이 사건 가해자는 피해자가 스스로 음란한 사진과 동영상을 촬영하고 전송을 해주었기 때문에 피해자의 자기결정권에 의한 행동으로 위법성이 없다는 주장을 한 바가 있었습니다. 그렇지만 음란물의 제작의도나 음란물이 청소년의 의사에 반하여 촬영된 것인지의 여부를 법에서 부가하고 있지 않고, 정신적으로 미성숙하고 충동적인 아동·청소년의 특성상 영상물이 제작되면 사후에 언제라도 무분별하게 유통 제공될 수 있으며, 그로 인해 치유가 매우 어려운 상처가 될 수 있기 때문에 이를 원천적으로 차단할 필요가 있다고 보아, 법원에서는 가해자에게 음란물을 찍어 전송한 행위가 사리분별력 있는 피해자의 자기결정권을 진지하게 행사한 것이라고는 볼 수 없다고 보았습니다.

이승우 결국, 성착취물 제작과 관련하여 미성년자, 특히 아동·청소년은 정상적으로 자기결정권을 행사한 상태라고 볼 수가 없다. 정상적인 의사결정을 할 수 있는 상태라면 과연 이런 성착취물을 제공하거나 촬영하거나 제작했겠느냐? 이런 관점으로 바라보는 것 같습니다.

법적 대응과 조력

이승우 오늘 사건에 담긴 법적 포인트를 한 줄로 정리하고 실제 법적 대응과 자문 이어가 보도록 하겠습니다. '아청법'이라고 불리죠. 아동·청소년 성보호에 관한 법률은 16세 미만 아동·청소년은 성을 이해하고 자기결정권을 자유롭게 선택할 의사가 거의 없다고 보고 있습니다. 그리고 19세 미만 미성년자의 성과 관련된 의사표시, 이 부분에 대해서 당연히 성인의 성적 의사처럼 해석해서는 안 된다는 것을 꼭 기억해주셨으면 합니다. 범죄가 SNS나 채팅앱을 통해서 많이 이루어지고 있기 때문에 단속할 수 있는 장치나 제도가 필요할 것 같습니다. 어떻습니까? 변호사님.

김낙의 그루밍, 즉 아동·청소년의 심리적 종속을 이용한 그루밍 성범죄에 관한 직접적인 규정은 없습니다. 인터넷을 기반으로 채팅앱, SNS 등을 통해 성적 유인이 빈번하게 이루어지고, 그 규제는 적절하게 이루어지지 않고 있습니다. 따라서 정보통신망을 이용한 이러한 행위를 적발하고 처벌할 수 있는 제도가 마련되어야 합니다.

이승우 그래서 최근에 도입이 됐죠? 위장수사, 언더커버로 들어갈 수 있는 형태가 도입되고, 또 음란물 자체의 채팅을 통해서 음란대화, 성적 목적 유인대화! 이런 것들이 이루어지면 처벌할 수 있게끔 제도를 만들었는데, 아무래도 음란물 제작 거래 유포 관련하여 형사처벌을 하지 않더라도 독립적으로 몰수하거나 그에 해당하는 경제적 이익, 추징 이런 것들은 필요하지 않겠나? 이런 제안들이 나오고 있습니다.

방송일 : 2022년 7월 15일 (금요일)
#그루밍 #아동청소년성폭행 #성착취물 #형사처벌

18

"핸드폰으로 때리면 특수폭행…
소화기는 단순폭행?"

특수폭행죄

진행 : 이승우 변호사
대담 : 문필성 변호사

(1) 오늘의 주제

이승우 변호사(이하 이승우)   오늘의 주제는 '특수폭행죄'입니다. 조합이나 정당 등과 같이 개인을 압도하는 단체 또는 조직이 우리가 사는 이 세상에는 정말 많지요. 그리고 우리가 일상생활에서 사용하는 가위나 망치 등과 같이 무겁고 날카로운 물건들도 정말 다양합니다. 이러한 단체의 위력과 위험한 물건을 이용하는 범죄, '특수폭행죄'를 함께 알아봅니다. 변호사님, 먼저 특수폭행, 특수상해, 특수협박 이렇게 '특수'라는 단어가 앞에 붙는데요. 특수의 의미, 도대체 뭡니까?

문필성 변호사(이하 문필성)   폭행이나 협박죄는 일상생활에서 많이 들어보셨을 겁니다. 각 죄명 앞에 특수가 붙는 특수폭행, 특수협박죄는 반면에 생소할 수도 있을 것인데요. 특수폭행죄를 예를 들어 설명하면 단체 또는 다중의 위력을 보이거나 위험한 물건을 휴대하여 폭행의 죄를 범할 때 성립하는 범죄입니다.

이승우 여기서 단체, 다중, 위험한 물건! 개념이 조금 어려운데요. 어떤 의미입니까?

문필성 단체라고 하는 것은 공동 목적을 가진 다수인의 조직적인 결합체를 말하고, 다중이라고 하는 것은 집단적인 위력을 보일 정도의 다수 혹은 그에 의해 압력을 느끼게 해서 불안을 줄 정도의 다수를 의미하는 것입니다.

이승우 그럼 위험한 물건은 뭡니까?

문필성 물건의 객관적 성질과 사용방법에 따라서 사람을 살상할 수 있는 물건을 말합니다. 대법원 판례에 따르면, 위험한 물건에 해당하는지 여부는 구체적인 사안에서 그 물건의 사용방법에 따라 상대방이나 제3자가 생명 또는 신체에 위험을 느낄 수 있는지에 따라서 판단하고 있습니다.

이승우 자, 그럼! 그 관련해서 최근에 영화 '범죄도시 2'가 관객 천만을 돌파를 달성했는데요. 그 영화에 나오는 칼, 손도끼 이런 것들이 바로 위험한 물건이라고 볼 수 있겠습니까?

문필성 칼이나 손도끼를 본래 사용 목적에 사용했다면 위험한 물건은 아니겠죠. 그런데 이제 이를 가지고 사람을 위협하거나 폭행의 수단으로 사용을 하였다면, 충분히 위험한 물건이라고 볼 수 있을 것입니다. 위험한 물건은 흉기와 흉기가 아닌 물건을 모두 포함하는 개념이라고 보시면 되겠습니다.

이승우 흉기라고 하면 어떤 개념이라고 설명할 수 있을까요?

문필성 흉기라고 하면 우리가 실질적으로 사람을 살상할 수 있는 무기를 볼 수도 있을 것이고요.

이승우 살상 목적으로 만든 것은 보통 흉기라고 설명을 하면 될까요?

문필성 그렇게 보시면 되겠습니다.

이승우 그러면 이제 위험한 물건 안에는 흉기도 들어가 있고, 흉기 아닌 위험한 물건도 있다. 이렇게 이해할 수도 있겠네요.

문필성 맞습니다.

실제 사건

올해 3월에 지하철 9호선 전동차 안에서 20대 여성이 60대 피해자의 머리를 휴대전화로 여러 차례 때린 사건이다. 사건 당시 60대 피해자는 지하철에서 의자마다 침을 뱉고 사람들에게 일부러 기침을 하는 20대 여성에게 그만하라고 말리는 과정에서 휴대전화로 맞아 상해를 입은 사건이 있었다. 그런데 이 사건을 검찰에서는 상해가 아닌 특수상해죄로 기소하였는데, 20대 여성이 휴대전화를 이용해서 피해자를 때렸기 때문이다. 우리 판례상 위험한 물건이라고 하는 것은 흉기가 아니라고 하더라도 널리 사람의 생명이나 신체에 해를 가하는 데 사용할 수 있는 일체의 물건을 포함한다고 해석하고 있다. 따라서 본래 살상용, 파괴용으로 만들어진 것뿐만 아니라 다른 목적으로 만들어진 칼, 유리병, 자동차, 휴대전화 등을 사람의 생명이나 신체에 해를 가하는 데 사용을 했다면, 위험한 물건에 해당한다고 할 수 있을 것이다. 본 사안에서 20대 여성이 폭행에 쓴 휴대전화는 단단한 금속물질로 되어있고, 그 크기와 무게 등을 감안할 때 휴대전화를 세워서 얇은 면으로 머리를 가격하게 되는 경우 신체에 심각한 위해를 가할 수 있었던 것으로 판단된다. 실제 이 사건에서도 60대 피해자는 머리를 맞아서 피가 상당히 많은 출혈이 있었다. 따라서 검찰에서는 단순상해죄가 아니고. 이 사건을 특수상해 혐의로 적용하여 기소한 것이다.

이승우　변호사님 설명을 들으면서도 휴대전화가 특수상해죄가 되는 위험한 물건에 해당된다면, 사실 우리가 쓰고 있는 거의 모든 물건이 위험한 물건이 되지 않을까 생각이 드는데, 그렇게 판단하지 않은 사례들도 있습니까?

문필성　피고인이 술에 취해서 경륜장 매표소에서 행패를 부리자 다수의 경륜장 직원들이 나와서 피고인을 제지했습니다. 피고인이 소화기를 집어 던지면서 소란을 피웠는데요. 이 사안의 경우에는 소화기를 특정인을 향해서 던진 것으로는 보이지 않았고, 또 피해자들이 상해를 입지 않았던 점을 고려하여 위험한 물건에 해당하지 않는다고 보았던 판례가 있습니다.

이승우　소화기들의 중량이나 어떤 크기, 위험성을 봐서는 충분히 문제가 될 것 같은데, 사용방법에 대해서 법원이 다른 관점을 봤습니까?

문필성　이와 같이 위험한 물건에 해당하는지의 여부는 구체적인 사안에서 그 물건을 사용함에 있어 상대방이나 제3자가 생명 또는 신체의 위험을 느꼈을 수 있는지 여부에 따라서 법원에서 케이스 바이 케이스로 달리 평가를 하고 있습니다.

이승우　위험할 정도까지의 구체성은 없었다. 이렇게 봤다고 생각할 수 있겠네요.

문필성 그렇습니다.

이승우 오늘 특수폭행, 특수상해와 관련된 주제로 '결과적 가중범', 이건 어떤 형태의 범죄입니까?

문필성 폭행이나 상해죄를 저지른 결과 피해자에게 상해나 사망에 이르게 한 경우에 적용되는 죄책입니다. 이를 법률적으로는 결과적 가중범이라고 하는데요. 고의에 의한 기본 범죄에 의해서 행위자가 예견하지 못했던 사망과 같은 중한 결과가 발생할 때 형이 가중되는 범죄 형을 말합니다. 이와 같은 결과적 가중범이 성립되기 위한 요건들이 있습니다. 첫 번째로 폭행치사죄를 예를 들어 설명하면, 폭행으로 인하여 피해자가 상해를 입거나 사망에 이르러야 됩니다. 두 번째로 그러한 폭행으로 사망에 이르는 중한 결과를 범죄를 한 행위자에게 객관적으로 책임을 물을 수가 있어야 됩니다. 그리고 마지막으로는 폭행으로 인해 피해자가 사망하였다면, 그 행위자의 폭행으로 인하여 사람이 죽을지도 모른다는 예상 가능한 경우여야 처벌 가능하다고 볼 수 있습니다.

법적 대응과 조력

이승우 정리하자면 형사처벌 규정에서 특수라고 하는 내용은 단체의 위력, 다중의 위력을 이용하거나 또는 위험한 물건을 휴대해서라는 의미라고 보시면 됩니다. 여기서 단체는 범죄조직만을 말하는 것은 아니고요. 노동조합이나 정당, 기타 사회단체를 포함하는 조직체와 관련된 개념입니다. 다중은 이렇게 단체로 조직화되지 못한 군중 다수의 사람을 의미합니다. 그럼, 위험한 물건이라는 건 뭘까요? 도검이나 총과 같이 살상만을 목적으로 만든 흉기는 아니지만, 사용방법에 따라서는 사람을 살상할 수 있는 휴대 가능한 모든 물건을 포함할 수가 있습니다. 유리병을 포함하여 골프채, 유리컵, 테니스 라켓, 의자, 가위 같이 우리가 상용적으로 사용하는 물건을 모두 살상용도로 들게 되면 특수협박, 특수폭행, 특수상해에 사용되는 위험한 물건이 되는 겁니다. 그러니까 화가 나도 절대로 옆에 있는 물건을 집어서 사람을 때리면 안 된다는 것을 기억해주시면 됩니다. 오늘 '특수'가 붙는 범죄들에 대해서 알아봤는데, 법적으로 이런 범죄들에 대한 처벌 수위가 아주 높기 때문에 조심해야 할 것 같은데 맞습니까?

문필성 네, 맞습니다. 특수범죄라고 해서 도검 등의 무기만을 생각하는 경우가 있는데요. 욱하는 마음에 들고 있던 휴대전화로 사람의 머리를 때리거나, 비가 오는 날 들고 있던 우산을 사람의 얼굴을 향해 던지는 경우 피해자가 2주 이상의 상해를 입었다면 이것이 특수상해죄가 적용될 수 있는 것입니다. 상해죄의 경우에는 형법상 7년 이하의 징역 또는 1천만 원 이하의 벌금에 처하지만, 특수상해죄의 경우에는 1년 이상 10년 이하의 징역으로 규정되어 있어 처벌 수위가 일반 상해죄에 비해서 높습니다. 즉, 기본적으로 최저형이 1년부터 시작이 됩니다. 또, 가장 큰 차이점은 특수상해죄 같은 경우에는 상해죄와 다르게 벌금형이 없는 범죄라는 것입니다. 따라서 욱하는 마음에 범죄에 위험한 물건을 사용할 경우 특수상해죄에 휘말릴 수 있으므로 일상생활에서 항상 조심해야 될 것입니다.

방송일 : 2022년 6월 24일 (금요일)
#특수폭행 #단순폭행 #특수협박 #가중처벌

19

억울한 학교폭력 처분,
불복과 시정 절차는?

학교폭력

진행 : 이승우 변호사
대담 : 안성훈 변호사

(1) 오늘의 주제

이승우 변호사(이하 이승우)   오늘의 주제는 '학교폭력' 관련 사건입니다. '학교폭력 처분에 대해 불복하는 방법'에 대해서 알아봅니다. 잘못된 사실 인정, 부당한 처분적용에 대해서는 반드시 불복을 통하여 이를 시정하는 절차가 필요하겠지요. 이 내용에 대해서 법무법인 법승의 안성훈 변호사와 알아보겠습니다. 변호사님, 안녕하세요?

안성훈 변호사(이하 안성훈)   네, 안녕하세요.

이승우   변호사님은 오랜 기간 지방자치단체에서 감리와 감찰을 담당하는 부서의 책임자로 근무하는데, 학교폭력도 역시 행정처분의 일종이잖아요? 학교폭력 처분이 부당하다고 느꼈을 때, 이를 불복하는 방법에 대해 얘기해주시는 거죠?

안성훈 네. 공권력의 작용이 우리의 권리나 의무에 어떤 영향을 줄 때 우리는 행정심판이나 행정소송을 생각하게 됩니다. 학교폭력 사건에 관한 학교폭력대책심의회, 즉 학폭위 결정에 따른 교육장의 처분은 공권력이 학교폭력 관계자들에 대한 공권력의 작용이고, 이것이 학교폭력 가해자와 피해자의 권리나 의무에 영향을 주기 때문에 학교폭력에 관한 처분에 대해서도 우리는 행정심판이나 행정소송을 제기할 수 있습니다. 2020년 3월 이전에는 학교폭력예방법에서 별도로 재심의 절차를 마련하고 있었지만, 이제는 행정심판만을 남겨두었습니다. 재심이나 행정심판이나 모두 행정청이 스스로 잘못을 시정하는 절차이기 때문에 불필요한 낭비를 막고, 공신력이 있는 행정심판으로 불복수단을 정리하려는 취지로 보입니다. 행정심판은 행정청 내부의 시정절차이기 때문에 그와 무관하게 사법적 절차인 행정소송을 별도로 진행할 수 있습니다. 다만 행정심판은 진행이 빠르고 행정청이 불복할 수 없기 때문에 아주 복잡하지 않은 사안은 먼저 고려해볼 수 있습니다. 그러나 복잡하고 민감한 사건의 경우에는 신속한 행정소송의 진행이 더 나을 수 있습니다. 또한 행정심판이든, 행정소송이든 자동으로 처분의 효력이 정지되는 것이 아니기 때문에 어떤 절차를 취하든 잠정적으로 처분의 효력이나 집행을 정지하는 신청을 할 수 있습니다.

이승우 결정된 학폭처분에 대해 불복하는 건 일반적으로 '자신이 받은 처분이 과하다'는 이유인 거죠?

안성훈 주로 그런 이유가 많을 것입니다. 그런데 여러 측면에서 생각해볼 수 있는데요. 학폭처분에서 발생한 하자를 절차적 하자와 실체적 하자로 구별해서 설명드리겠습니다. '절차적 하자'란 형식적, 절차적 측면에서 잘못이 발생한 것을 말하는데, 주로 학폭위의 구성이 문제되는 경우가 많았습니다. 다만 2020년 3월 이후 교육지원청에서 학폭위가 개최되면서 기본적인 절차적 하자는 많이 줄었다고 보입니다. 다만, 그럼에도 불구하고 발생하는 문제들이 있을 수도 있습니다.

이승우 꼭 절차적 하자가 있는지 짚어볼 필요가 있겠군요. 그러면 '실체적 하자'는 무엇인가요?

안성훈 '실체적 하자'란 내용적인 측면에서 잘못이 발생한 것을 말합니다. 사실이 잘못 인정되었다거나 법리가 잘못 해석·

적용되었다거나 비례원칙에 반해 너무 과도 또는 과소하다는 등의 문제를 주장할 수 있습니다. 때린 적도 없는 학생에게 폭행 사실을 인정한다든지, 학교폭력이라는 개념에 포함되지 않는 행위를 학교폭력이라고 단정한다든지, 가벼운 폭행에 대해서 전학이나 퇴학과 같은 과한 조치를 내리거나 심한 성적 비위에 대하여 단순히 서면사과만을 하는 등의 경우가 그 예시가 될 수 있습니다.

이승우 실제 사건을 통해 학폭처분 불복에 대해 더 자세히 알아보죠. 어떤 사건을 준비해 오셨나요?

실제 사건

초등학교 2학년 남학생이 여학생에게 자기 남동생 성기가 찍힌 나체사진 1장을 '내 동생 고치'라는 말과 함께 전송한 사건이다. 2020년 3월 이전 사건이기 때문에 처분청은 학교장이었다. 여학생의 어머니는 학교장에게 학교폭력 신고를 했고, 학폭위 위원들은 학교폭력의 심각성, 지속성, 고의성에 대해서는 만장일치로 '없음'의 판정점수를 주고, 가해학생의 반성 정도는 '매우 높음'으로, 화해 정도는 '보통'으로 평가해서 2점으로 평가하고, 그에 해당하는 조치인 '서면사과' 조치를 하였다.

> 남학생은 이후에도 또 문제를 발생시켰다. 남학생은 피해학생 번호를 지우고 연락하지 않기로 했는데 이를 어기고 피해학생에게 3번이나 전화를 했고, 피해학생은 전화를 받지 않았다. 피해자 어머니는 이를 다시 학교폭력으로 신고했는데, 학폭위는 학교폭력의 심각성과 지속성은 '없음'으로, 학교폭력의 고의성은 '낮음'으로, 가해학생의 반성 정도는 '높음'으로, 화해 정도는 '낮음'으로 평가해 5점으로 평가해서 그에 해당하는 '교내봉사' 처분과 필요 시 부과할 수 있는 '피해학생에 대한 접촉·협박 및 보복행위 금지' 조치 등을 하였다. 피해자 어머니는 강한 처분인 제8호의 전학조치를 요구하면서 재심을 청구했으나, 기각당하고 이에 대하여 행정소송을 제기했다. 법원에서는 '학교폭력예방법 제17조 제1항 단서에 따라 의무교육과정에 있는 가해학생에 대하여 퇴학처분은 인정되지 않으므로 초등학생에 대한 전학조치는 가해학생에 대한 가장 중한 조치에 해당하고, 가해학생에 대하여 전학조치를 취하는 것은 다른 조치로 목적 달성이 불가능한 경우에 최후의 수단으로 고려되어야 하는 것'이며 기존의 처분이 나름 상당성을 가지고 있다면서 피해학생 어머니의 주장을 받아들이지 않았다.

이승우 피해자 쪽에서 전학조치를 요구했지만, 받아들여지지 않은 사건이었고요. 두 번째 사건은 어떤 내용인가요?

안성훈 둘째는 '사귀던 사이였다' 사건입니다. 법리적용이 문제된 사안입니다. 중학교 2학년이던 가해학생은 같은 학교 같은 학년의 피해학생과 페이스북 메시지를 통해 사귀기로 했습니다. 그리고 놀이터 화장실에서, 야외공연장 화장실에서 1번씩 성관계를 맺은 직후부터 가해학생의 데이트 요청을 회피하고 연락을 받지 않았습니다. 피해학생은 성폭행을 당했다는 취지로 가해학생을 학교폭력으로 신고했고, 학폭위는 성폭력을 인정하여 서면사과, 피해학생 접촉 및 보복 금지, 출석정지 5일 등의 처분을 하였습니다. 그러나 법원은 학교폭력에 해당하는 '성폭력'이 형벌규정이 정한 구성요건에 해당하는 행위로 국한되는 것은 아니지만 학교폭력예방법은 학교폭력을 '학교 내외에서 학생을 대상으로 발생한 신체·정신 또는 재산상의 피해를 수반하는 행위'로 정의하고 있으므로 피해자에게 일정한 피해가 있어야 학교폭력이라고 볼 수 있으며, 성폭력에 해당하기 위해서는 성적 자기결정권이 침해되었는지 여부를 고려하여 판단하여야 하는 점, 그리고 학폭처분은 생활기록부에 기재되어 학생에게 장래 미치는 불이익이 매우 중한 점 등을 고려해야 하는 점을 들어서, 이 사건의 경우 성행위가 있었던 당일 저녁에 피해학생이 커플링과 커플시계 사진 등 SNS에 올릴 사진을 못 찍었다며 아쉬워하는 메시지나 계속 애정을 표현하는 메시지를 보냈다는 점, 그리고 성행위 이후 가해학생의 연락 회피가 성적 자기결정권 침해라고 볼 수는 없는 점, 피해학생의 성행위 및 성적 접촉에 대한 인식을 충분히 하고 있었다는 점을 종합해 가해학생의 행위가 성폭력에 해당하지는 않는다고 판단하고, 대상 학폭 처분을 취소하는 판결을 하였습니다.

이승우   사귀었다가 헤어질 수는 있는데, 헤어지다가 2차 피해가 생길 수도 있습니다. 학생들도 이러한 점을 인지할 필요가 있다는 생각이 듭니다.

법적 대응과 조력

안성훈   학폭처분은 가해학생에게나 피해학생에게나 모두 중요합니다. 그런데 학폭위에서는 그 사안을 깊이 검토하기에 한계가 있을 수 있고, 사안의 민감성 때문에 오히려 잘못된 판단을 하기도 합니다. 그래서 사실관계를 적정하게 확정하는 방법이 무엇인지, 무엇이 학교폭력에 해당하는지, 어떤 처분이 비례원칙에 부합하는지 등을 꼼꼼하게 검토해 잘못된 처분에 대해서는 신속히 적정한 불복절차를 선택해 구제받아야 할 것입니다.

방송일 : 2023년 2월 17일 (금요일)
#학교폭력 #학폭 #더글로리 #범죄

20

십 년간 외손녀 성폭행 할아버지, 가중처벌은…

성범죄

진행 : 이승우 변호사
대담 : 김정훈 변호사

(1) 오늘의 주제

이승우 변호사(이하 이승우) 오늘의 주제는 '친족간 성범죄'입니다. 여러분들도 가끔 뉴스에서 만날 수 있는 사건이지만, 그때마다 마음이 너무나 무겁고 아파지는 사건입니다. 법무법인 법승 부산사무소 김정훈 변호사와 함께 알아보겠습니다. 안녕하세요, 변호사님.

김정훈 변호사(이하 김정훈) 네, 안녕하세요. 법승 부산사무소 김정훈 변호사입니다.

이승우 오늘 포인트가 다른 두 가지 사건 가져오셨는데, 사건 얘기

바로 들어가 보죠.

실제 사건

1. 피해자 아동은 어릴 적에 부모가 이혼을 해서 어머니, 외할아버지, 외할머니랑 함께 살고 있었다. 그런데 외할머니랑 어머니는 일터에 나가거나 병원에 가는 일이 많아 집을 자주 비웠고, 자연스럽게 외할아버지랑 보내는 시간이 많아지게 되었다. 근데 피해자가 초등학교에 입학할 무렵부터 외할아버지의 신체접촉이 좀 유난히 많아졌고, 처음에는 놀이를 가장해서 '뭐 비행기 놀이 하자' 이렇게 하면서 자연스러운 스킨십을 유도하더니, 이내 그 정도가 점점 심해져 갔다. 그래서 결국엔 넘어서는 안 될 선을 넘어버리고 말았고, 외할아버지는 그 외손녀한테 집착하는 증세도 보이기 시작했다. 피해자는 어머니와 외할머니를 생각해서 이를 혼자 참고 이겨내려고 하였으나 10년 정도 자행되는 성폭행에 지구대에 신고를 하게 된 사건이다.

2. 친오빠가 친여동생의 가슴을 만졌다고 해서 고소를 당한 사건이다. 두 사람은 남매로 사이가 좋지 않았다. 서로 얼굴도 잘 안 보는 관계였는데, 가족끼리 모이는 명절이 돼서 오랜만에 만났으나 그날 또 싸움이 나게 되었다. 그래서 여동생은 10년 정도 전에 자신이 자고 있는 동안 친오빠가 자신의 가슴을 한두 번 정도 만지고 갔다고 주장하면서 친오빠를 고소하였다.

이승우 두 사건 판결결과가 궁금한데요. 판결결과는 어떻게 나왔습니까?

김정훈 첫 번째 사건은 신고 이후에 외할아버지가 외손녀도 좋아서 한 거다, 이런 파렴치한 주장을 했지만, 당연하게도 이는 안 받아들여졌고, 결국 징역 13년형이 선고가 됐습니다.

이승우 두 번째 사건의 결과는 어떻게 됐습니까?

김정훈 두 번째 사건은 친오빠 같은 경우에는 되게 황당해했습니다. 여동생의 가슴을 만진 사실이 전혀 없었고, 또 집안 분위기나 집의 구조상 그럴 만한 여건이 전혀 없다라고 주장을 했는데요. 그 이후에 거짓말 탐지기 조사라든지 그다음에 가족들에 대한 추가적인 조사, 또 오빠와 동생에 대한 심층적인 진술분석을 해가지고 그 구체성을 따져본 결과 여동생의 진술이 신빙성이 없다라고 배척이 돼서, 친오빠는 무혐의 처분을 받고 좀 억울함을 풀게 됐습니다.

이승우 그러면 변호사님, 이 사건들과 관련된 법률을 좀 소개해주시죠.

김정훈 성폭력 범죄처벌 등에 관한 특례법이 있는데요. 제5조에는 친족관계에 의한 성범죄를 규정하고 있습니다. 그 1항이 친족관계인 사람이 폭행 또는 협박으로 사람을 강간한 경우에는 7년 이상의 유기징역에 처한다라고 규정을 하고 있고요. 마찬가지로 친족관계인 사람이 강제추행을 한 경우에는 5년 이상의 유기징역에 처한다라고 규정을 하고 있습니다. 또 친족의 범위라는 게 사실은 좀 어떻게 되는지 궁금할 수가 있겠는데요. 4촌 이내의 혈족 또 인척, 그리고 동거하는 친족으로 하고 있고, 또 이런 친족은 사실상의 관계에 의한 친족도 포함을 하고 있습니다. 사실상의 관계에 의한 친족이라는 것은 쉽게 말해서 법률상 혼인관계라든지 이런 건 아니지만, 호적에는 올라와 있지 않은 양아버지, 양자, 또한 피해자의 생모와 사실혼 관계에 있는 의붓아버지 이런 것들을 포함한다고 이해하시면 쉬울 것 같습니다.

이승우 민법상에 나와 있는 친족개념보다는 약간 좁으면서도 넓은 느낌이 드는 부분들이 존재하죠. 예를 들어서 민법 같은 경우에는 8촌 이내의 혈족으로 되어있는데, 혈족이 4촌 이내로 줄어드는 부분이 있는 반면, 사실상의 관계에 친족을 포함하고 동거친족이 포함되는 형태로 범위 자체가 약간 다르다는 점을 우리가 볼 수 있는 것 같습니다. 그럼 사건의 포인트를 짚어볼까요? 먼저 외할아버지가 저지른 사건의 포인트, 어떤 부분입니까?

김정훈 사실 이게 입에 담기도 어려울 정도로 너무나 끔찍한 사건인데요. 70대 노인이 그토록 어린 외손녀, 딸의 딸을 성폭행한다는 게 정말 상상하기 어려운 일입니다. 안타까운 것은 대화나 이런 분위기가 조성되어 있지 않았다는 점이 되게 안타까운데요. 피해자 가까운 사람들, 어머니나 외할머니처럼 가까운 사람들이 관심을 많이 주고, 이야기를 들어줄 분위기가 만들어졌다면 좋지 않았을까 하는 생각이 있습니다. 또 피해자에게 조금 더 관심이 있었다면 초기에 이런 일을 막을 수 있지 않았을까 하는 생각도 들고, 또 마지막에라도 용기를 내준 피해자가 대단하다라는 그런 생각도 들게 됐습니다.

이승우 네, 맞습니다. 자, 그러면! 친남매 사이에서 일어난 사건, 이 사건의 무혐의 나온 포인트 짚어주시죠.

김정훈 친남매 사건 같은 경우에는 고소에 이른 동기나 상황에 관심을 좀 가져야 될 필요가 있을 것 같습니다. 여동생은 과거 오빠의 그런 행동에 대해서 평생 아무 말도 안 하고 있다가 오빠랑 크게 다투고 나서야 이때 몸싸움까지 있었다고 해요. 그 이후에 10년도 이전에 오빠로부터 추행을 당했다라고 신고를 했는데, 이러한 정황들이 여동생 진술의 신빙성을 크게 떨어뜨렸습니다. 현재 지금의 다툼으로 과거의 일을 꺼내가지고 고소를 하고, 특히 그 경우 성과 관련된 문제로 연결을 하는 경우가 굉장히 많은데요. 본 사건의 경우에는 오빠가 적극적으로 조사에 대응을 했고, 가족들도 자신들이 아는 바를 솔직하게 털어놓아 다행히도 오빠의 억울함이 조금은 풀릴 수가 있었습니다. 앞서 살펴본 바와 같이 친족 간 성범죄의 경우에는 그 죄의 형이 굉장히 무겁기 때문에, 조금은 조심스럽게 접근할 필요가 있을 것 같습니다.

이승우 친족관계 성범죄뿐만 아니라 성범죄 관련된 형량 자체가 높기 때문에 무고가 문제가 됐을 수도 있었을 것 같은데, 본 사건에서 무고는 문제가 안 됐습니까?

김정훈 가족 간의 일이기도 하고, 그래서 오빠가 무고사건으로까지 진행을 시키지는 않았습니다.

법적 대응과 조력

이승우 그러면 오늘 사건에 담긴 법 이야기를 한 줄로 정리해드리고 실제 법적 대응과 자문 이어가도록 하겠습니다. 친족 간 성범죄가 일반 성범죄에 비해서 얼마나 더 중한 처벌을 받을까요? 서로 보호해야 할 관계임에도 이를 오히려 이용해서 성범죄로 나아가는 것입니다. 굉장히 죄질이 안 좋다라고 평가될 수밖에 없는 부분이 그곳에 있습니다. 그래서 최소 1.5배에서 최대 3배까지 성범죄 처벌에 대한 형량이 가중된다고 보시면 되겠습니다. 친족 간의 성범죄는 인간의 영혼 자체를 말소해 버릴 수 있는 끔찍한 범죄가 된다는 점을 알아야 되겠습니다. 오늘 친족 간 성범죄 사건을 다뤄봤는데요. 두 가지 사건을 통해 이 범죄의 특징을 알 수 있었던 것 같기도 합니다. 특징에 따라서 법적 대응도 좀 달라져야 될 것 같은데요. 변호사님, 어떻습니까?

김정훈 친족 간 성범죄의 가장 큰 특징 중에 하나는 좀 반복이 된다는 점입니다. 외할아버지 사건에서도 알 수 있듯이 처음에 어렵지 한번 시작을 하게 되면 그 정도도 점점 강해지고, 유형도 다양해져 걷잡을 수 없이 반복되게 됩니다. 반복이라는 것은 기억과 경험을 뚜렷하게 만들고, 피해자의 입장에서 그 트라우마나 정신적 충격은 더욱 가중될 게 자명해 보입니다.

이승우 그러면 이런 내용과 관련해서는 언제든지 빠른 조치를 얻을 수 있도록 주변에서 도움을 줄 수 있는 형태가 준비되어 있고, 또 본인 스스로도 좀 더 용기를 내서 굉장히 어렵겠지만 주변의 도움을 받아야겠다라는 결정을 하는 것이 중요할 것 같다는 생각이 드네요.

김정훈 당연하게도 그런 적극적인 용기나 대응이 없이는 이런 게 사건화가 될 수가 없기 때문에 반드시 꼭 힘들더라도 용기를 내고 대화를 했으면 하는 그런 바람이 있습니다.

방송일 : 2022년 5월 19일 (목요일)
#친족간성범죄 #성폭행 #성희롱 #범죄 #변호사

21

마약과의 전쟁,
우리나라 마약사범 처벌 수위는?

마약

진행 : 이승우 변호사
대담 : 송지영 변호사

(1) 오늘의 주제

이승우 변호사(이하 이승우) 오늘의 주제는 '마약' 관련 사건입니다. 북한은 순도 높은 필로폰을 생산해서 저렴한 가격으로 동북아시아의 마약중독을 크게 높이는 데 기여하고 있고, 외국인 장기 체류자의 숫자가 급증함에 따라 약물과 관련된 다양한 문화적 변동이 발생하고 있습니다. 이는 전남, 경남, 경북, 광주, 안산과 같이 외국인 근로자, 체류자가 많은 지역에서 더 심각하다는 보도도 잇따르고 있습니다. 이에 대해서 법무법인 법승의 송지영 변호사와 알아보겠습니다. 변호사님, 안녕하세요?

송지영 변호사(이하 송지영)   네, 안녕하세요.

이승우   실제 사건으로 바로 들어가 보죠. 어떤 사건인가요?

실제 사건

여고생에게 마약을 투약한 뒤 남성들과 성매매를 하도록 한 혐의로 기소된 사례이다. 2019년 7월부터 2021년 1월까지 당시 여고생이었던 17살 피해여성에게 수차례에 걸쳐 필로폰을 투약하고 남성들과 성매매를 하도록 강요한 혐의로 기소되었고, 피해자는 마약의 부작용으로 뇌출혈이 발생해 오른쪽 반신불수 상태가 되었다. 당시 피해자는 가해자로부터 심리적으로 지배하는 그루밍 관계를 만들었고, 이를 이용하여 여러 차례 가출하도록 하여 보호자의 보호를 벗어나게 했으며, 그 행동과 심리를 지배하여 필로폰을 투약하며 불특정 다수의 남성들과 변태적 성매매를 하게 하였던 것이다. 결국 이로써 가해자는 징역 9년 6월을 선고받았다.

이승우   더 이상 마약범죄가 먼 나라 이야기가 아니게 됐죠. 마약 투약을 넘어 마약유통도 심각한 문제가 되고 있다고 하던데요?

송지영 네, 맞습니다. 최근 20~30대 젊은 층 마약사범이 전체 사범의 과반을 차지하고, 10대 미성년자 사범도 꾸준히 증가하는 것으로 나타나고 있습니다. 실제로 제가 상담을 했던 분들 중에는 10대 사범은 없었지만 20대 초반의 사범이 있습니다. 이미 구속된 상태도 많고, 이를 업으로 삼으려던 분들이다 보니 그 숫자나 횟수도 상당하더라고요. 그리고 음지화된 다크웹 기술과 비트코인 등 가상자산 시장이 발달하며 그 금전 흐름 추적이 어려워져 앞으로도 한국의 마약시장은 급속도로 커질 것으로 보입니다. 추적이 어려우면 검거도 많이 어려워 대표적인 암수범죄로 손꼽히지 않을까 싶습니다.

이승우 최근 연예인들의 마약문제도 주목을 받고 있는데요. 관련 법률내용과 처벌은 어떻게 이루어지고 있는지 짚어주시죠.

송지영 마약류관리에관한법률에서 해당하는 범죄에 대해서 처벌을 하고 있는데요. 최근 마약류 범죄가 대두되며, 그 확산을 방지하고자 하는 움직임이 커짐에 따라 법원의 판결 시 중한 처벌을 하고 있는 상황입니다. 가면 갈수록 처벌이 과해지는 것 같기도 합니다. 초범이라 할지라도 실형 2년 6월을 선고받은 사례도 있으며, 초범에 투약 두 차례를 한 경우 실형 1년 6월을 선고받기도 하는 등 점차 처벌의 수위도 높아지고 있는 실정입니다.

이승우 초범도 초범인데 재범도 가중처벌을 합니까?

송지영 초범과 재범에 대해서 크게 양형 차이가 나지 않는다고 느껴지는 것이 법원판결들을 보면 초범임에도 불구하고 실형 2년 6개월을 선고하는 경우가 있고, 전과가 24회나 있고 실제로 실형을 산 전례가 10회가 넘음에도 불구하고 2년 형을 선고받는 경우도 있습니다.

이승우 가중치를 전혀 고려하지 않는 것 같기도 하다는 얘기로 들리네요?

송지영 그것도 있고, 초범임을 고려하지 않고 점점 더 처벌을 강화하는 추세도 있는 것 같습니다.

이승우 초범을 오히려 중하게 처벌한다. 그건 모순 아닌가요?

송지영 저도 참, 모순이라고 생각하는데요. 오히려 초범일 때에 재범의 가능성에 여지를 막기 위해서 위화감을 조금 더 주려고 한다는 말도 돌더라고요.

법적 대응과 조력

이승우 양형 관련되어서는 충분한 논의가 있어야 한다는 생각이 드네요. 변호사님은 현장에서 마약사범들을 만나 상담을 하시고 변호를 진행하시기도 할 텐데요. 실제로 느낀 마약범죄와 처벌에 대한 생각은 어떤가요?

송지영 마약범죄의 경우에는 사회적으로 근절돼야 하는 범죄가 분명하기 때문에 법원의 처벌 수위가 강화에 찬성의 목소리도 굉장히 크다고 느껴집니다. 문제는 한국 사회에서 처벌에 대한 낙인효과가 상당하다 보니 이로 삶을 포기하려는 분들도 상당하고요. 이런 부분에 있어서 국가가 사회적으로 다시 사회로 복귀할 수 있는 제도 역시 제대로 갖춰야 되지 않을까라는 생각을 하게 됐습니다.

이승우 그 지적은 사실 시작된 지 20년이 넘었죠. 약물 관련된 치료를 해줄 수 있는 사회적 시스템이나 지원방식이 충분히 존재하느냐? 오로지 처벌만 가지고 이를 통제할 수 있느냐? 이런 부분들이 지적되었는데요. 이 부분 관련해서는 아직 많이 부족한 것 같습니다. 마약범죄 관련해서 기소유예를 받게 되는 사안들도 있습니까?

송지영 실제로 한두 차례 호기심에 투약한 사실이 있고, 현재 크게 반성을 하고, 정상적인 삶을 살고 있다고 강하게 피력해서 검찰로부터 교육조건부 기소유예를 받는 경우도 있습니다.

이승우 반드시 재범 가능성에 대한 차단이 있어야 검사가 기소유예 판단을 하겠죠?

송지영 그렇습니다. 반성의 여지가 얼마나 있냐가 중요합니다.

이승우 기소유예를 주는 것에 대해서도 문제가 있다는 지적이 많이 나오거든요. 어떻게 보십니까?

송지영 저는 개인적으로 무조건 강한 처벌을 하는 것만이 문제를 해결하는 방법이라고 보지 않습니다. 자신의 잘못에 대한 반성을 깊게 하고, 향후 다시는 이 범죄를 하지 않겠다는 강한 다짐이 표출된다면 충분히 국가 차원에서는 국민에게 한 번의 기회는 줄 수 있다고 저는 생각합니다.

이승우 너무 중하지 않은 사안에 대해서는 한 번의 퇴로를 열어줄 필요는 있다는 생각을 하시는군요. 그게 오히려 범죄를 차단하는 데에 도움이 될 수 있다고 생각한다. 오늘 '마약범죄'에 대해 법적으로 얘기 나눠봤는데요. 마지막으로, 마약범죄 관련해서 꼭 하시고 싶으신 말씀이 있으시다고요?

송지영 저는 의뢰인들을 만나 이야기를 나눌 때 꼭 드리는 말이 있습니다. 잘못을 한 것은 사실이고, 이에 대한 처벌을 피할 수 없음은 당연한 것이나, 처벌을 받음으로써 인생이 끝나는 것은 전혀 아니고, 변화한 모습으로 새롭게 인생을 살아가는 준비 역시 해당 사건을 준비하는 데에 있어서 중요한 포인트다. 저는 마약사범의 경우가 이 당부에 가장 부합한다고 생각합니다.

방송일 : 2023년 3월 8일 (수요일)
#마약 #마약범죄 #마약법 #범죄 #변호사

22

우리나라에서 동물학대는 솜방망이 처벌?

동물학대

진행 : 이승우 변호사
대담 : 김미강 변호사

(1) 오늘의 주제

이승우 변호사(이하 이승우) 오늘의 주제는 '동물학대' 관련 사건입니다. 생명에 대한 존중은 인간 존중과 연결되는 것으로, 자연에 대한 감사와 함께 생명에 대한 경이로움을 담은 인간 존엄의 핵심이라고 생각합니다. 이러한 존엄성을 남용하는 행위! 동물학대 범죄에 대해서 법무법인 법승의 김미강 변호사와 알아보겠습니다. 변호사님, 안녕하세요?

김미강 변호사(이하 김미강) 네, 안녕하세요.

이승우 변호사님은 법승 천안사무소에서 근무하고 계신데, 반려동물을 키우시나요?

김미강 네, 맞습니다. 저는 올해로 7살 '복이'와 함께 지내고 있습니다.

이승우 코로나와 함께 동물학대 문제가 심각해졌다는 소식을 들었는데, 동물학대 문제는 계속 심각한 것 같아요?

김미강 네, 맞습니다. 최근 동물학대가 빈번하게 일어나고 있습니다. 매년 많은 동물들이 이유 없이 학대를 당하며, 이들 중 일부는 죽음을 당하기도 합니다. 특히 1인 가구와 핵가족이 증가하며 바야흐로 반려인구 1,400만 시대가 도래한 요즈음, 반려동물에 대한 학대 역시 빠르게 증가하고 있으며, 이들은 주인의 부주의한 태도나 폭력적인 행동으로 인해 다치거나 죽곤 합니다.

이승우 실제 사건으로 들어가 보죠. 어떤 사건 준비해 오셨나요?

실제 사건

공기업 직원 40대 A씨는 2021년 3월부터 푸들 20여 마리를 입양하여 상습적으로 학대하고 잔인하게 죽인 혐의로 재판을 받고 있다. 당시 A씨는 배우자와 사이가 나빠지자 배우자가 키우던 반려견과 같은 종인 푸들만 골라 범행을 저질렀다. A씨는 공기업에 재직 중인 사실을 이용하여 견주들에게 신뢰를 얻었다. 자신의 신분증과 애견용품이 있는 사택 사진을 보여주며 견주들을 안심시켰고, 강아지의 행방을 물을 때면 의심을 피하기 위해 스스로 실종 전단지를 만들고 사고인 것처럼 거짓말을 하기도 했다. 그러나 실상은 전혀 달랐다. A씨는 강아지를 여러 번 고문하였고, 강아지가 기절하면 다시 깨운 후 고문을 반복하여 결국 강아지를 죽음에 이르게 만들었다. A씨는 자신이 거주하던 아파트 화단에 강아지 사체를 묻었으며, 현재까지 발견된 푸들 사체만 8구에 이르렀다. 경찰이 수사를 시작하자, A씨는 아파트 화단 곳곳을 파헤치는 등 증거를 인멸하려 하였고, 경찰은 A씨를 긴급체포하였다. 이후 경찰은 A씨에 대해 동물보호법 위반혐의를 적용해 구속영장을 신청했으나, 법원에서 기각됐다. A씨는 현재 불구속 상태에서 재판을 받고 있으며, 최근 검찰은 A씨에게 동물보호법상 최고 형량인 징역 3년을 구형하였다.

이승우 배우자가 키우던 강아지와 같은 종이라는 이유로 동물학대를 저지른 건데, A씨는 실체적 경합범으로 구형되면 4년 6개월까지 구형해도 되는 것 아닌가요?

김미강 네, 맞습니다. 동물보호법 46조 5항을 보면 상습범에 대하여 죄로 정한 형의 2분의 1까지 가중할 수 있는 조항이 있는데요. 해당 사건에서는 위 조항이 적용되지 않은 것으로 보입니다.

이승우 상습동물학대죄를 적용하면 4년 6개월까지 적용할 수 있었을 텐데요. 그 점은 검토가 더 필요한 것 같습니다. 관련 법률을 살펴보죠. A씨가 동물보호법 위반으로 구속되었는데, 우리나라의 동물보호법은 어떻게 만들어졌나요?

김미강 우리나라는 1991년 동물에 대한 학대행위의 방지 등 동물을 적정하게 보호·관리하기 위하여 동물보호법을 제정, 시행하였습니다. 동물보호법 제2조 제1의2호에 따르면 '동물학대란 동물을 대상으로 정당한 사유 없이 불필요하거나 피할 수 있는 신체적 고통과 스트레스를 주는 행위 및 굶주림, 질병 등에 대하여 적절한 조치를 게을리하거나 방치하는 행위'를 말합니다.

이승우 '정당한 사유 없이'라는 것은 어떤 것입니까?

김미강 '정당한 사유 없이'라는 것은 뒤의 조문과 함께 읽어봐야 하는데요. '정당한 사유 없이 굶주림이나 질병 등에 대하여 적절한 조치를 게을리한다' 이런 식으로 생각해보면 이해가 가실 것 같습니다.

이승우 그렇다면 굶주림이나 질병에 대한 적절한 조치는 뭘까요?

김미강 예를 들어 굶주리고 있다면 먹이를 주는 방법이 있고요. 질병에 걸렸다면 근처 동물병원에 방문하는 것이 적절한 조치라고 할 수 있겠죠.

이승우 법 시행 후의 지금 상황은 어떻습니까?

김미강 동물보호법이 시행됨에 따라 동물학대를 처벌할 수 있는 법적 근거가 마련되었음에도 동물학대는 계속 증가하고 있는 추세입니다. 2021년 기준 동물보호법 위반건수는 668건으로, 2017년 322건 대비 2배 이상 증가했습니다. 2020년 개정된 동물보호법에 따르면 동물을 죽음에 이르게 하는 학대행위를 한 사람은 3년 이하의 징역 또는 3천만 원 이하의 벌금에 처해집니다. 종래 동물보호법이 동일한 행위에 대하여 '2년 이하의 징역 또는 2천만 원 이하 벌금'을 규정하였던 것보다 처벌 수위를 강화한 것입니다. 하지만 동물을 죽음에 이르게 하는 학대행위에 대하여 미국이 7년 이하의 징역, 영국과 프랑스가 5년 이하의 징역을 규정하고 있음을 감안할 때 우리나라 동물보호법의 처벌 기준은 매우 약합니다.

이승우 이와 관련해서 판결문을 분석해보셨다고요?

김미강 네, 맞습니다. 2013년부터 2022년 상반기까지 국내의 동물보호법 위반자 처벌 관련 200개 판결문을 분석한 결과, 형이 확정된 사례 194건 중 약 82%인 165명이 벌금형에 그쳤고, 평균 벌금액은 140여만 원에 불과했습니다. 즉, 우리나라 동물보호법의 처벌 기준은 선진국과 비슷하지만, 실제 처벌이 약한 점에서 선진국과 큰 차이를 보이고 있는 것입니다.

이승우 그렇다면, 외국의 동물보호법은 처벌형량이 어느 정도인가요?

김미강 세계 최초 동물보호법을 도입한 영국은 '동물 소유권 영구 박탈 조항'이 특징입니다. 영국의 동물복지법 제33조에서는 '동물복지법 위반으로 유죄를 선고받을 경우 동물 소유권을 박탈할 수 있다'고 나와 있습니다. 미국의 테네시주는 다른 주와 달리 동물학대범 등록법을 통해 동물학대 범죄자의 이름과 사진 등을 웹사이트를 통해 일반에 공개하고 있습니다. 해당 사이트에는 범죄자의 사진과 이름, 주소, 판결 날짜 등이 나와 있습니다. 우리나라의 성범죄자에 준하는 조치를 취하는 셈입니다. 미국의 일리노이주는 인도적 동물 돌봄법을 통해 동물을 구타하거나 잔인하게 대하는 행위, 굶주리거나 과로하게 하는 등의 학대행위를 금지하고 있습니다. 이를 위반할 경우 A급 경범죄로 유죄판결을 받고, 2회 이상 위반할 경우 4급 중범죄로 처벌받도록 하고 있습니다.

법적 대응과 조력

이승우 우리나라 동물보호법 내용이 외국과 크게 다른 부분도 있고, 실제로 처벌형량에서는 더 발전이 있어야 할 것 같은데요?

김미강 앞서 살펴본 바와 같이 한국의 동물학대범 처벌 기준은 주요 선진국들과 비교해도 크게 다르지 않습니다. 하지만 실제 처벌 수위는 법정 최고형에 한참 못 미칩니다. 동물학대를 방지하는 행위는 그것이 사회적으로나 생태적으로 가장 미약한 존재에 대한 폭력적이고, 잔인한 행위에 해당하기 때문입니다. 이는 사회적 약자나 소수자에 대한 존중과 보호로도 연결될 수 있습니다. 그렇기에 사회적 인식과 법률적 개선이 반드시 이루어져야만 합니다.

이승우 그렇죠. 다른 생명체, 다른 사람의 고통을 공감할 수 있는 능력이 결국 사회적 약자나 소수자에 대한 문제, 또 스스로 행동을 멈출 수 있는 문제에 대한 동기를 제공하는 것이니까 반드시 필요한 것 같습니다. 네, 오늘 말씀 고맙습니다. 지금까지 김미강 변호사와 함께 했습니다.

방송일 : 2023년 3월 22일 (수요일)
#동물보호법 #동물학대 #범죄 #변호사

23

중대재해처벌법 첫 실형,
산업재해 손해배상은?

산업재해 손해배상

진행 : 이승우 변호사
대담 : 임대현 변호사

(1) 오늘의 주제

이승우 변호사(이하 이승우) 오늘의 주제는 '손해배상' 관련 사건입니다. 안전을 확보하는 것은 무엇보다 중요한 일입니다. 빠르게 변화하는 사회 속에서 실천 가능한 오늘, 지금의 안전 전략이 가득한 우리 사회가 되기를 바라면서 법무법인 법승의 광주사무소 임대현 변호사와 산업재해 배상에 대해서 알아보겠습니다. 변호사님, 안녕하세요?

임대현 변호사(이하 임대현) 네, 안녕하세요.

이승우 오늘은 산업재해에 대한 손해배상입니다. 우리나라에서 산업재해가 어느 정도 일어나고 있는지부터 알아보죠.

(2) 산업재해 실태

임대현 산업재해라고 하면 재해가 자주 발생하는 현장에서 일하지 않는 상당수의 근로자들은 다소 자신과 무관한 일이라고 생각할 수 있습니다. 하지만 산업안전보건공단 통계에 따르면 2022년 한 해 동안에만 발생한 산업재해자 수는 13만 328명이고, 이중 사망자는 무려 2,223명에 달합니다. 이를 계산하면 하루에만 무려 6명이 산업재해로 사망을 하였다는 것입니다. 업종별로는 건설업, 제조업, 서비스업 순으로 사망사고자가 가장 많이 발생하고 있으며, 규모별로는 5인에서 49인 사이, 5인 미만 100인 이상 사업장 순으로 사망사고자가 많이 발생하고 있습니다. 지난 2월에는 2017년 전주의 한 콜센터에서 고객의 해지요청을 방어하는 부서에서 일하던 고등학교 3학년 현장실습생 홍수연 씨의 죽음을 모티브로 한 영화 '다음소희'가 개봉하기도 했고, 2020년 10월 쿠팡의 물류센터에서 일하던 근로자가 야간근무를 마치고 집에 도착해 샤워를 하던 중 급성심근경색으로 사망했던 사건이 있었는데요. 근로복지공단은 사망 전 1주일간 62시간을 일했던 노동자에 대해 과로로 인한 산업재해를 인정하기도 하였습니다.

이승우   많은 분들이 산업재해는 들어봤어도 구체적으로 보상을 받는 방법은 모르실 것 같은데요. 산업재해를 인정받으면 어떻게 보상을 받는 건가요?

임대현   먼저 산재보험을 설명드려야 할 것 같습니다. 산재보험은 일용직, 아르바이트 등을 포함한 노동자를 1명이라도 고용하고 있는 사업장은 모두 가입할 의무가 있고, 최초 고용 후 14일 이내에 가입을 해야 합니다. 일부 5인 미만 사업장 및 공무원, 군인, 선원 등 예외가 있기는 하지만 근로자라면 원칙적으로 산재보험에 가입되어야 하는 것입니다. 업무 중에 재해가 발생하는 경우 우선적으로는 산재보험에 의해 근로자는 과실과 상관없이 보험급여를 지급받을 수 있습니다.

이승우   근로자는 과실과 상관없이 보험급여를 청구하고 받을 수 있다는 것이군요.

임대현   네, 맞습니다. 그리고 근로자가 사업주의 고의 또는 과실로 인해 업무상 재해가 발생하였다면 보험 외에 별도로 사업주를 상대로 민사상 손해배상을 청구할 수도 있습니다. 이때는 근로자가 실제로 받은 손해에 대한 배상을 구할 수 있게 됩니다. 때문에, 업무상 재해를 당한 경우 근로자는 먼저 산재보험에 따른 보험급여를 청구하고, 민사상 실제 손해와 차액이 있다면 차액분에 대해 민사소송을 제기하는 것이 가장 유리한 방법이라고 할 수 있습니다.

이승우 업무상 재해로 인정이 되어야 산재보험과 이후 손해보상도 받을 수 있는 것인데, 이 '업무상 재해'의 기준은 어떻게 되나요?

임대현 업무상 재해는 '업무상의 사유에 따른 근로자의 부상 · 질병 · 장해 또는 사망'을 의미하는데, 구체적인 범위는 짧은 시간에 다 논의하기 어려울 만큼 매우 다양한 사례들이 있습니다. 업무상 재해가 되기 위한 큰 틀에서 기준은 업무상 사고 또는 질병으로 인해 발생해야 하고, 업무와 재해 사이에 인과관계가 있고, 근로자의 고의 · 자해행위 또는 범죄행위로 인한 재해가 아니어야 합니다. 업무상 재해를 인정한 다양한 사례들 중 몇 가지를 소개해드리려고 합니다. 첫 번째 사례는 회사의 지원으로 정기적으로 실시되는 동호인 모임인 낚시회 행사에 참가하였다가 귀가 도중 교통사고로 사망한 경우 법원은 이를 업무상 재해로 인정했습니다. 두 번째로 외국에서 과중한 업무로 만성적인 스트레스를 받다 정신착란 상태에서 스스로 창문으로 뛰어내려 사망한 근로자에게도 법원은 업무와 인과관계가 있는 재해라고 인정했습니다. 또한 근로자가 10분의 휴게시간 중 회사 정문 옆 구내매점으로 간식을 사러 가다가 회사 소속 트

럭기사가 운전하는 트럭에 치여 사망한 경우가 있었는데요. 근로자의 복리후생시설을 이용하는 행위는 업무행위에 수반된다고 하여 법원이 업무상 재해를 인정해줬습니다. 마지막으로 사업주로부터 월급 외에 추가로 월 20만 원을 받기로 하고 직장 동료를 동승시켜 출퇴근하던 중 발생한 사고를 업무상 재해로 인정한 판례가 있었습니다.

이승우 업무상 재해가 인정되는지 여부는 여러 가지 구체적인 상황들을 종합적으로 고려해보되 업무상 관련된 내용에 관련성이 있다고 보면 대법원은 최대한 확장해서 해석해주려고 하는 것으로 보이고요. 이렇게 적용이 된다고 하더라도 사업주의 고의나 과실이 별도로 존재하지 않는다면 민사상 손해배상 청구문제는 성립하지 않는다. 고의나 과실이 있다면 민사상의 손해배상 청구가 산재보험의 범위를 넘어서는 범위까지 성립될 수 있다고 볼 수 있겠네요. 오늘 '산업재해에 대한 손해보상'에 대해 얘기 나눠봤는데요. 마지막으로, 관련해서 법적 조언을 해주신다면요?

법적 대응과 조력

임대현 산업재해가 발생하고 근로복지공단을 통해 산재보험으로 보험급여를 청구한 이후, 충분한 보상이 이뤄지지 않은 상황에서 민사소송에 도움을 받기 위해 변호사를 찾아오게 됩니다. 사업주가 고의 또는 과실을 부인한다면 소송을 통해 보험으로 배상받지 못한 나머지 손해를 배상받기 위한 시도를 할 필요가 있습니다. 특히 산업재해로 인한 장애 등으로 인해 노동상실률이 발생한다면 치료 이후 정년까지의 일실수입을 배상받을 필요가 있어 민사소송이 더욱 유의미하게 됩니다. 사업주의 고의 또는 과실을 밝혀내기 위해 각종 증거조사의 방법이 활용될 필요가 있습니다. 필요한 경우 현장에 나가서 직접 살펴보기도 하고, 동종업종의 다른 사례들에 대한 자료조사를 통해 과실을 밝혀내는 시도를 하기도 합니다. 저 또한 버스회사를 상대로 산업재해 손해배상 소송을 하면서 한동안 다른 회사의 버스들을 타고 다니면서 사고가 났던 버스회사와 차이점을 확인하고, 증거로 현출시키는 노력을 해본 일이 있기도 했습니다. 그리고, 사업주의 고의 또는 과실이 없는 업무상 재해라 하더라도 근로복지공단을 통해 받은 보험급여 결정 등이 부당하다면 변호사의 조력을 받아 해당 결정에 대해 불복하는 심사청구나 재심사 청구를 하거나 행정소송을 통해 불복하는 절차를 진행할 수도 있습니다.

이승우　해당되는 내용과 관련해서 재심사 청구를 하거나 행정소송을 해서 불복을 하게 되면 산재보험 금액은 아직 지급이 되지 않은 상태가 되니 그 부분이 고민스럽다면 또한 상의가 필요할 수도 있겠네요. 네, 오늘 말씀 고맙습니다. 지금까지 임대현 변호사와 함께 했습니다.

방송일 : 2023년 6월 5일 (월요일)
#산업재해 #손해배상 #보험급여 #범죄 #변호사

24

13년간 양육비 안 준
무책임 배우자에게 양육비 받으려면

양육비

진행 : 이승우 변호사
대담 : 김범원 변호사

(1) 오늘의 주제

이승우 변호사(이하 이승우) 오늘의 주제는 '양육비' 관련 사건입니다. 지금처럼 경제가 어려워질 때, 어린아이들의 생활은 더욱 고달프게 됩니다. 부모의 경제적인 어려움이 아이들의 삶에 영향을 주는 것도 최소화해야 하겠지만, 이혼하는 부모의 감정 때문에 어린아이들의 생계 자체가 위협받는 일은 최소화되어야 할 것 같습니다. 양육비 집행의 현실에 대해서 법무법인 법승의 김범원 변호사와 알아보겠습니다. 변호사님, 안녕하세요?

김범원 변호사(이하 김범원) 네, 안녕하세요.

이승우　오늘 주제가 양육비에 관한 내용인데, 양육비를 두고 일어나는 분쟁은 계속 이어지고 있죠?

(2) 양육비 관련 실태

김범원　네, 그렇습니다. 얼마 전 이혼 후 전 배우자에게 아이 양육비 1억 2,000여만 원을 10년 넘게 지급하지 않은 남성이 양육비 이행확보 및 지원에 관한 법률, 줄여서 '양육비이행법'이라고 하는데요. 양육비이행법 위반혐의로 검찰에 송치되었다는 기사가 있었습니다. 2021년 1월경 개정된 양육비이행법에서는 법원의 감치명령 결정을 받았음에도 불구하고 정당한 사유 없이 감치명령 결정을 받은 날부터 1년 이내에 양육비 채무를 이행하지 아니한 사람의 경우 1년 이하의 징역 또는 1천만 원 이하의 벌금에 처한다고 규정하여 양육비를 제대로 지급하지 않는 비양육 부모에 대해 처벌할 수 있는 근거를 마련하였고, 기사의 사건이 그 첫 번째 처벌사례가 될 가능성이 높습니다. 현재 양육비 집행과 관련된 절차와 이와 관련된 문제점을 확인해보도록 하겠습니다.

이승우　많은 분들이 '양육비' 얘기는 많이 들어보셨을 텐데, 정확히는 모를 것 같습니다. 구체적으로 양육비가 무엇인지 설명

부탁드립니다.

김범원 이혼가정의 경우에 미성년 자녀가 있을 때 그 자녀가 성년이 될 때까지 성장에 필요한 비용을 '양육비'라고 합니다. 부부가 이혼을 했을 때 가장 중요한 것은 이혼가정의 미성년 자녀가 제대로 성장할 수 있게 하는 것이기 때문에 민법은 부부가 이혼할 경우에는 자녀의 양육비용을 누가 어떻게 부담할지를 반드시 정하도록 규정하고 있습니다. 미성년 자녀가 있다면 협의이혼을 하는 경우에도 양육비부담조서를 작성하도록 규정하고 있으며, 재판상 이혼의 경우에도 양육비 지급과 관련된 내용이 반드시 포함되도록 판결이 작성됩니다. 이러한 양육비부담조서나 판결문 중의 양육비 지급내용, 조정조서의 양육비 지급내용 등은 그 자체로 강제집행의 근거가 되는 집행권원이 됩니다. 만약 비양육자가 양육비를 제대로 지급하지 않는다면 민사집행법에 따라 그 재산의 환가 등을 통해 양육비를 받을 수 있는 것입니다. 그러나 민사집행법에 따라 강제집행을 할 경우 시간이 오래 걸릴 수 있어 당장 아이의 양육에 비용이 필요한 상황에서는 제대로 된 해결책이 되지 못할 수 있다는 문제점이 있습니다.

이승우 양육비를 지급해야 되는 쪽에서 양육비를 주지 않을 때 문제가 생기는 건데요. 이럴 때, 어떻게 해결할 수 있는 건가요?

김범원 가사소송법은 지급받지 못한 양육비를 빠른 시일 내에 지급받을 수 있도록 몇 가지 절차를 규정하고 있습니다. 먼저 비양육자가 제대로 양육비를 지급하지 않는 경우 비양육자가 근무하는 회사나 사업장이 비양육자가 받을 급여에서 양육비를 공제하여 직접 양육자에게 양육비를 지급하도록 하는 양육비 직접지급명령 절차가 있습니다.

이승우 그런데 큰 기업들이나 원칙대로 하는 회사들이면 괜찮을 텐데, 급여 자체를 은닉한다든지 급여의 일부를 현금으로 받거나 프리랜서로 계약하는 경우에는 직접지급명령이 제대로 작동할 수가 없는 거죠?

김범원 네, 그렇습니다. 급여를 숨기는 사람에 대해 직접적으로 처벌할 수 있는 방법은 없습니다. 다만, 양육자가 채무를 면탈하기 위해서 공모한 사실이 있다면 강제집행면탈죄로 처벌될 가능성은 있습니다.

이승우 양육비 이행과 관련돼서 이행 자체를 어긴다면 어떤 절차가 이어지게 됩니까?

김범원 가정법원이 직접 비양육자에게 양육비를 지급하라는 이행명령을 할 수 있는 절차가 있습니다. 이행명령을 어길 때에는 1천만 원 이하의 과태료를 부과하거나 30일 이내의 기간 동안 비양육자를 감치할 수 있습니다. 또한 양육비이행법은 가사소송법상의 감치결정을 받았음에도 양육비를 이행하지 않는 비양육자에 대해서는 운전면허정지처분, 출국금지처분, 명단공개 등을 할 수 있도록 하였고, 형사처벌도 가능하도록 규정하여 양육비 이행을 확보하기 위한 절차를 마련하고 있습니다.

이승우 양육비는 미성년 자녀가 제대로 성장하는 데 필수적인 부분이기 때문에 법적, 제도적으로 지원이 필요할 것 같은데요?

김범원 양육비이행법은 양육비 집행이 어려운 사정이 있는 양육자들의 법적 지원을 위해 양육비이행관리원을 설치하도록 규정하고 있습니다. 양육비이행관리원은 양육비와 관련한 상담, 양육비 이행 촉진을 위한 비양육 부나 모와 미성년 자녀의 면접교섭 지원, 양육비 청구 및 이행 확보 등을 위한 법률지원, 한시적 양육비 긴급지원, 합의 또는 법원의 판결에 의하여 확정된 양육비 채권 추심지원, 양육비 채무 불이행자에 대한 제재조치 등의 업무를 합니다. 특히 긴급히 양육비가 필요함에도 양육비를 지급받지 못하고 있는 경우 지급요건에 해당된다면 9개월이라는 기간 동안 월 20만 원의 양육비를 지원하고 있습니다.

법적 대응과 조력

이승우 네, 그러면 오늘 사건에 담긴 법적 포인트를 한 줄로 정리하고, 실제 법적 대응과 자문 이어가도록 하겠습니다. 양육비를 지급하지 않아 이행명령을 받고, 이어지는 집행절차를 시행하면, 일시적으로 양육비의 이행이 이루어집니다. 그러면 절차는 중단이 되는데, 절차가 중단된 시점부터 다시 양육비의 미지급이 이루어지게 될 수 있습니다. 그러면 양육을 하는 양육자는 다시 양육비 이행명령을 받아야만 합니다. 이러한 반복적 청구가 이루어져야 하는 상황이 10년 이상 반복될 수 있다는 것입니다. 극단적으로 매년 양육비 이행명령을 신청해야 하는 상황이 된다면, 양육자는 양육비 이행에 대한 법 제도를 의지하는 데 많은 시간과 에너지를 소모해야만 하는 상황이 됩니다. 그래서 양육비의 이행명령 등 절차를 사법기관인 법원이 아닌 행정부의 행정적 판단으로 처리할 수 있도록 하자는 의견이 있습니다. 이에도 귀 기울여볼 필요가 있겠습니다. 오늘 '양육비 이행'에 대해 법적으로 얘기 나눠봤는데요. 마무리하면서, 양육비 집행의 문제점을 짚어보자면 어떤 것들이 있을까요?

김범원 양육비는 자녀 양육을 위한 필수적인 비용이므로 긴급하게 필요한 경우가 많습니다. 그러나 일반적인 강제집행 절차는 오랜 시간이 필요하여 양육비 집행에 효과적이지 않기 때문에 이를 보완하기 위해 가사소송법과 양육비이행법은 여러 절차를 규정하고 있습니다. 비양육자가 회사 등에서 정기적인 급여를 받아 생활한다면 양육비 직접지급명령이 효율적인 이행 확보수단이 될 수 있으나 그 외의 경우는 결국 양육비 이행명령과 이를 위반할 경우 제재수단인 감치결정과 그 이후의 절차인 운전면허정치처분, 출국금지처분, 형사처벌 등이 가장 효과적인 이행 확보수단이라 할 수 있습니다. 하지만 감치결정에 이르는 과정이 수월하지 않다는 문제점이 있습니다. 비양육자가 위장전입을 하거나 주거가 확실하지 않다면 법원의 문서가 송달되지 않아 감치재판 자체가 진행되지 않는 사례도 많기 때문입니다. 그리고 양육비이행법상의 이행 확보수단인 운전면허정지처분 등과 형사처벌 역시 감치결정을 받은 사람만을 대상으로 하므로 감치재판이 진행되지 못한 경우 실효성이 문제될 수 있습니다. 이러한 문제점을 해결하기 위해서는 법 개정을 통해 감치재판의 경우에도 공시송달 절차로 진행할 수 있게 하여 감치결정이 쉽게 이루어질 수 있게 하거나 운전면허정지처분 등이나 형사처벌이 감치결정이 없더라도 이루어질 수 있도록 요건을 완화할 필요성이 있다 할 것입니다.

방송일 : 2023년 1월 25일 (수요일)
#양육비 #이혼 #배우자 #무책임 #양육비이행법개정

25

여름철 늘어나는 몰래카메라 범죄, 대응방법은?

몰래카메라

진행 : 이승우 변호사
대담 : 이승환 변호사

(1) 오늘의 주제

이승우 변호사(이하 이승우) 오늘의 주제는 '몰래카메라' 관련 사건입니다. 성적 수치심을 주는 영상이나 이미지를 촬영하고 이를 유포하는 범죄는 IT 기술 발달과 더불어서 우리 사회를 크게 변화시켰습니다. 스마트폰을 들고 해외에 나가게 되면, '찰칵' 소리가 사라지는 그런 경험을 해보셨을 겁니다. 이 카메라 촬영죄 범죄에 대해서 법무법인 법승 천안사무소 이승환 변호사와 알아보겠습니다. 변호사님, 안녕하세요?

이승환 변호사(이하 이승환) 네, 안녕하세요.

이승우   안녕하세요. 변호사님? 천안지역에서 변호사로서 활동하면서 빠르게 변화하는 천안, 아산 지역의 힘을 많이 느끼실 것 같아요.

이승환   네. 빠르게 변화하는 도시의 모습을 보면서 저도 이런 도시의 변화에 발맞춰 새롭게 발생하는 이슈에 대응할 수 있도록 많이 노력하고 있습니다.

이승우   요즘 날씨가 더워지면서 특히 몰래카메라 범죄가 늘어나고 있는 것 같아요?

실제 사건

이승환   네. 최근 강원 홍천군의 워터파크에서 휴대전화 카메라로 불특정 다수 여성들의 신체 부위를 몰래 촬영한 20대 남성들이 경찰에 붙잡힌 사건이 있었습니다. 이렇듯 더운 날씨로 인해 옷차림이 가벼워짐으로 인해 신체 부위가 드러나는 일들이 많아지면서 대부분의 사람들이 필수적으로 소지하고 있는 디지털 기기, 특히 스마트폰을 이용한 '몰카' 범죄가 정말 흔하고 광범위하게 발생하고 있습니다.

이승우 많은 분들이 몰래카메라가 범죄인 것도 알고, 여러 번 들어봤을 범죄인데요. 구체적인 법률은 어떻게 되어 있는지 짚어주시죠.

이승환 몰카범죄의 정식명칭은 '카메라이용촬영죄'로 성폭력 범죄특례법에 규정이 되어있습니다. 성폭력 범죄 특례법 제14조에 의하면 카메라나 카메라 기능을 갖춘 기계장치로 성적 욕망이나 수치심을 유발할 수 있는 사람의 신체를 촬영 대상자 의사에 반해서 촬영했을 때 7년 이하의 징역 5천만 원 이하의 벌금으로 처벌하고 있습니다.

이승우 촬영행위만으로도 7년 이하니까 굉장히 중범죄로 처벌하는 것이죠?

이승환 네, 그렇습니다. 해당 범죄의 구성요건과 관련한 쟁점으로는 촬영한 부위가 '성적 욕망 또는 수치심을 유발할 수 있는 사람의 신체'에 해당하는지 여부가 종종 문제가 되고 있습니다. 이에 대하여 대법원은 촬영한 부위가 '성적 욕망 또는 수치심을 유발할 수 있는 타인의 신체'에 해당하는지 여부는 객관적으로 피해자와 같은 성별, 연령대의 일반적이고도 평균적인 사람들의 입장에서 성적 욕망 또는 수치심을 유발할 수 있는 신체에 해당되는지 여부를 고려함과 아울러, 당해 피해자의 옷차림, 노출의 정도 등은 물론, 촬영자의 의도와 촬영에 이르게 된 경위, 촬영장소와 촬영각도 및 촬영거리, 촬영된 원판의 이미지, 특정 신체 부위의 부각 여부 등을 종합적으로 고려하여 구체적, 개별적, 상대적으로 결정하여야 한다고 하며 '평균인 기준 종합고려설'의 입장을 취하고 있습니다.

이승우 대법원 판례도 조금 도전을 받게 될 것 같은 게 피해자와 같은 성별이라고 하더라도 성소수자에 대한 고려가 점점 고조되고 있는 사회 분위기를 고려해보면, 조금 더 침해될 가능성에 대해서도 검토가 필요할 수 있다라는 생각도 듭니다. 촬영 부위를 가지고 몰래카메라의 여부가 결정되는데, 판단 기준은 어떻게 되는 건가요?

이승환 굉장히 상대적이고 다소 추상적인 개념이라고 할 수 있는데요. 일반적으로 성기, 엉덩이, 여성의 가슴이 포함된다는 것은 일반적으로 받아들여지고 있고, 다른 신체 부분, 기령 여성의 허빅지나 배 등도 경우에 따라 이에 해당될 가능성이 있습니다.

이승우 이와 관련해서는 과거에는 분명히 이렇게 봤던 부분이 있는데, 최근에 영상기기의 해상도가 너무 높아져서 전신을 촬영했을 때도 영상을 재편집하거나 일정 부분을 확대해서 볼 수 있는 문제들이 있다라고 해서 대법원 판례에 대한 유죄 판단 가능성이 점점 높아지는 부분도 있죠?

이승환 네, 그렇습니다. 이에 대한 이해를 돕기 위해 유죄로 인정된 경우와 무죄로 인정된 판례를 몇 가지 소개해 드리도록 하겠습니다. 유죄사례로는 야간에 버스 안에서 옆 좌석에 앉은 여성의 치마 밑으로 드러난 허벅다리 부분을 휴대폰 카메라로 불과 30cm 거리에서 정면으로 촬영한 경우, 버스 안에서 휴대폰의 카메라 촬영기능을 이용하여 레깅스 바지를 입고 있던 여성의 엉덩이 부위 등 하반신을 약 8초 동안 몰래 동영상으로 촬영한 경우, 청바지를 입은 여성을 따라다니면서 계단을 오르는 모습을 바로 뒤에서 엉덩이를 부각하여 촬영한 경우 등이 있었습니다.

이승우 몰래카메라 범죄에 있어서 좀 중요한 포인트가 될 만한 판례가 있어서 소개해주셨으면 좋겠다라고 하셨는데, 어떤 내용입니까?

이승환 카메라 촬영범죄에 있어 주의해야 할 부분은 기수 성립 여부의 중요한 판단 기준이 되는 실행의 착수 시기와 관련된 부분인데요. 먼저 '기수'라는 법률용어에 대해서 설명을 드리자면 기수란 범죄가 완전히 실현된 상태를 의미합니다. 일반적으로 형법은 기수범 처벌을 원칙으로 하며, 미수는 처벌규정이 있을 경우에 한해서 감경받을 수 있는 규정이라고 이해하시면 될 것 같은데요.

이승우 목적 달성된 상태가 기수다. 이렇게 볼 수 있겠군요.

이승환 네, 그렇습니다. 카메라 촬영범죄에 있어서 기수 여부를 판단하는 의미 있는 판결을 써서 하나를 소개해 드리려고 하는데요. 대법원은 '최근 기술 문명의 발달로 등장한 디지털카메라나 동영상 기능이 탑재된 휴대전화 등의 기계장치는, 촬영된 영상정보가 사용자 등에 의해 전자파일 등의 형태로 저장되기 전이라도 일단 촬영이 시작되면 곧바로 촬영된 피사체의 영상정보가 기계장치 내 RAM(Random Access Memory) 등 주기억장치에 입력되어 임시저장되었다가 이후 저장명령이 내려지면 기계장치 내 보조기억장치 등에 저장되는 방식을 취하는 경우가 많고, 이러한 저상 방식을 취하고 있는 카메라 등 기계장치를 이용하여 동영상 촬영이 이루어졌다면 범행은 촬영 후 일정한 시간이 경과하여 영상정보가 기계장치 내 주기억장치 등에 입력됨으로써 기수에 이르는 것이고, 촬영된 영상정보가 전자파일 등의 형태로 영구저장되지 않은 채 사용자에 의해 강제종료되었다고 하여 미수에 그쳤다고 볼 수는 없다'고 하였는데요. 이 대법원의 판례를 간략하게 정리해서 말씀드리자면, 카메라 등 기계장치를 이용한 촬영이 이루어졌다면 설령 저장버튼을 누르지 않고 종료하였더라도 카메라 촬영범죄의 기수범으로서 처벌받을 수 있다는 점을 유의하셔야 하겠습니다.

이승우　시작되면 사실은 기·미수의 구분이 크게 의미가 없다는 판단처럼 들리기도 하고요.

이승환　네, '아예 켜지도 말아라'라고 이해하시면 될 것 같습니다.

이승우　정책적 판단으로는 그것을 미수로서 인정해주려는 의지는 없으니까 해당 사안 관련해서 촬영을 하다가 중간에 붙잡힐까 봐 놀라서 닫아도 그건 기수로 판단하겠다.

이승환　네, 맞습니다. 실제로 제가 담당했던 사건 중에서도 행위자가 호기심에 지하철 에스컬레이터에서 자신의 앞에 서 있던 치마 입은 여성분의 치마 안쪽으로 카메라를 넣고 치마 밑을 잠시 비춰본 후 촬영물을 저장하지 않은 채 곧바로 핸드폰을 뺐던 사건이 있었는데, 디지털 포렌식 결과 행위자의 핸드폰에서 불법촬영물이 전혀 발견되지 않았음에도 목격자의 진술과 CCTV 증거만으로 카메라촬영죄의 기수로 인정되어 벌금형을 선고받은 사건이 있었습니다.

법적 대응과 조력

이승우 오늘 '몰래카메라 범죄'에 대해 법적으로 얘기 나눠봤는데요. 마지막으로, 관련해서 법적 조언을 해주신다면요?

이승환 결국, 카메라이용촬영 등의 성범죄는 벌금형 이상의 유죄 확정판결을 받게 될 경우 사안에 따라 취업제한, 신상정보 등록 등의 각종 보안처분이 부과될 수 있습니다. 특히 보안처분이 부과될 경우 정상적인 사회생활이 불가능해진다는 점을 고려하면 성범죄의 진위 여부를 가리는 것이 얼마나 중요한지 충분히 인지할 수 있습니다. 카메라이용촬영죄의 경우 피해자들 대부분이 사건 당시에는 피해 사실을 전혀 인지하고 있지 못하고 있다가 시간이 많이 흐른 뒤 피해자 조사를 받으며 뒤늦게 피해 사실을 인지하게 됨에 따라 피의자에 대한 감정을 해소하지 못해 피의자와의 합의에 동의하지 않는 경우가 많습니다. 그렇지만 피해자의 피해 정도, 반성하는 태도, 고의적, 악의적 의도가 없었다는 것을 입증한다면 법률상 선처를 받을 가능성이 높아지므로 법률적 조력을 얻는 것이 필요하다고 할 것입니다.

방송일 : 2023년 7월 18일 (화요일)
#몰래카메라 #몰카 #성범죄 #범죄 #변호사

26

성범죄 무고 증명하려 녹음?
오히려 증거로…

성범죄

진행 : 이승우 변호사
대담 : 전성배 변호사

(1) 오늘의 주제

이승우 변호사(이하 이승우)   오늘의 주제는 '성범죄' 사건입니다. 타인의 성적 자기결정권을 침해하는 성범죄도 반드시 근절되어야 하겠지만, 성적 자기결정권의 침해와 무관한 사건을 성범죄로 무고하는 일도 반드시 근절되어야 할 범죄임은 분명합니다. 한편 성범죄 사건 대비 성범죄 무고사건의 비율은 1%도 채 되지 않는다는 점도 생각해볼 부분이 있습니다. 이와 관련한 내용 법무법인 법승의 전성배 변호사와 함께 알아보겠습니다. 안녕하세요, 변호사님.

전성배 변호사(이하 전성배)   안녕하세요, 전성배 변호사입니다.

이승우 먼저 성범죄 사건이 사실관계를 밝히기 굉장히 까다로운 사건이죠? 또 법리적으로도 다루기가 굉장히 어려운 사건들이죠?

전성배 네, 맞습니다. 성범죄는 소위 '밀실범죄'라고 하여 당사자만이 그날의 사실관계를 아는 경우가 많습니다. 서로 간의 진술이 사건의 향방에 큰 영향을 미치기 마련인데 사실관계 당일 술까지 마셨다면 사실관계에 대한 기억력은 희미해질 가능성이 높습니다.

이승우 그렇게 되겠네요.

전성배 거기에 상대방도 술을 많이 마셔서 그날이 전혀 기억이 나지 않는다고 한다면, 상대방의 말과 행동까지 기억해내야 하기 때문에 더욱 어려워지고 답답해질 수밖에 없습니다. 따라서 자신의 결백을 입증하기 위해서는 각별한 준비와 대비가 필요할 것입니다.

이승우 그러면 오늘 가져오신 사건 한번 만나볼까요?

실제 사건

A씨는 B씨와 같은 오피스텔에서 거주 중 서로를 알지 못하는 사이였는데 오피스텔 옥상에서 B씨를 우연히 만나 대화를 하다가 친해지게 되면서 서로 이성으로서의 감정까지 갖게 되었다. 이후 A씨와 B씨는 교제를 하게 되었고, 서로의 주거지에서 만나 술을 마시고 성관계도 하고 잠까지 자는 사이로 발전을 하게 되었는데, 이후 A씨는 B씨의 집착과 무리한 요구를 들어주기가 어렵다고 판단하여 결별을 선언하자 B씨는 이에 대한 분노로 어떤 날에는 A씨가 자신의 동의 없이 성관계를 하고자 자신의 성기와 가슴을 만졌다는 사실, 다른 날은 A씨와 B씨가 술을 마시다가 B씨가 잠이 든 사이에 A씨가 간음을 한 사실, 다른 날은 B씨가 자신의 집에서 설거지를 하는 도중 A씨가 뒤에서 끌어안으며 강제로 침대에 눕혀서 강간하였다는 사실로 고소를 한 것이다.

이승우 변호사님 설명하신 이야기만 들어서는 정상적인 이별 후에 B씨가 고소를 했다. 이런 내용으로 들리는데요. 판결은 처분은 어떻게 나왔습니까?

전성배 네. 수사기관에서는 B씨가 주장하는 피의사실을 인정하기 어려우며, 피의사실을 인정할 증거는 없으므로 A씨에게 무혐의 처분을 내렸습니다.

이승우   성범죄 무혐의 처분이 나온 사건인데요. 어떻게 A씨가 반박을 했습니까?

전성배   A씨는 다행히 B씨와 나눈 카카오톡 대화내용 대부분을 가지고 있었고, B씨와 대화하거나 전화통화를 하면서 대화한 내용을 녹음한 음성파일, B씨가 A씨에게 보낸 자필의 애정편지 등도 가지고 있어서 B씨가 A씨에게 보여준 모습이나 태도들을 유추할 수 있었고, B씨는 A씨가 성범죄를 일으켰다고 주장하는 날짜에 A씨가 B씨의 주장과 반대되는 행적을 입증할 수 있는 인터넷 기록이나 당시 구매 영수증 등을 제출하면서 B씨가 주장하는 사실관계가 사실이 아님을 입증이 가능한 상황이었습니다. 수사기관에서도 이 증거자료들을 토대로 B씨가 주장하는 성범죄 날짜에 실제로 그러한 사실이 발생하였는지를 확인하기 어렵고, 카카오톡 메시지와 대화내용을 통해 B씨가 A씨에게 성관계 이후에 따로 화를 내거나 문제를 삼지 않았다는 것을 토대로 A씨를 무혐의 처분한 것입니다.

이승우   결국은 A씨와 B씨 사이에 나누었던 카카오톡 대화내용, 그리고 두 사람 사이의 대화가 녹음된 음성파일 등 이와 같은 객관적인 증거자료들이 있었기 때문에 사안 관련해서 무혐의 처분을 받을 수 있었다. 이런 얘기가 되겠군요.

전성배 A씨가 좀 더 많은 대화내용들을 충분히 가지고 있었기 때문에, 사건에 좀 더 유리한 방향으로 가져갈 수 있었던 것 같습니다.

이승우 그리고 전체적인 이야기 자체에 대해서 또 B씨도 사실관계 자체를 전면적으로 다투는 이런 구조는 아니었던 거죠?

전성배 네, 맞습니다. 전면적으로 다투지는 않아 A씨가 사실관계를 좀 더 정확하게 기억하고 있었던 사항들이어서 무혐의 처분을 받을 수 있었던 것 같습니다.

이승우 두 사람 사이가 교제상태에 있었다라는 부분에 대한 것은 다툼이 없었던 내용이죠?

전성배 네, 맞습니다.

이승우 이렇게 무죄판결 또는 무혐의 처분을 받게 되더라도 성범죄로 이제 고소를 한번 당하게 되면, 그리고 그 사실이 주변에 알려지게 되면 사회적으로 상당히 큰 피해를 입게 되잖아요? 이런 경우에 보상받는 절차는 어떻게 됩니까?

전성배 만약 고소인이 피고소인을 처벌하기 위한 목적으로 수사기관에 전혀 없는 성범죄 사실을 있는 것처럼 진술하였다면, 무고죄를 검토해볼 수 있습니다. 또한 고소인의 무고행위로 인하여 피고소인이 중대한 심리적 압박을 느꼈고, 허위 성범죄 사실을 외부에 알리면서 명예를 훼손하였다면 민사적으로 손해배상도 청구할 수 있습니다.

이승우 실제 성범죄에 관련된 무고사건 자체가 잘 인정되지 않는 경우가 많긴 하지만, 인정되게 되면 처벌 수위가 상당히 높은 편이죠?

전성배 네. 무고의 죄질이나 허위 사실이 전파된 범위가 상당하다면 법원에서는 그 부분까지 고려해서 적지 않은 금액을 배상할 수 있습니다.

이승우 실제 그리고 성범죄 사건의 피해자로서 민사소송을 제기하는 경우가 요새 많은데, 그 경우에도 금액이 점점 올라가고 있다고 보고가 되고 있습니다. 성범죄 무고사건의 피해에 대해서 형사고소를 했을 때도 어떤 변화가 있을 것이다라고 변호사님은 생각하시나요?

전성배 성범죄 사건으로 고소를 했을 경우인데, 그거에 대한 처분이 어떻게 나왔는지도 매우 중요합니다.

이승우 무혐의 처분이 났고, 무고라는 것이 인정됐던 사안에서 손해배상을 청구했다. 제 개인적인 생각으로는 무고도 더 많이 손해배상 책임을 인정하게 될 것 같다는 생각이 들어서 말씀을 드려봤어요. 그러면 오늘 사건에 담긴 법적 포인트를 한 줄로 정리하고 실제 법적 대응과 자문 이어가 보도록 하겠습니다. 성범죄 무고사건을 고소할 때 필요한 법적 증거는 뭐가 있을까요? 사건 당시 또는 사건 직전 직후의 두 사람의 사이에 행동이 담긴 CCTV 영상, 사건 전후로 이어진 대화가 담겨져 있는 카카오톡, 음성통화는 두 사람 사이에서 발생한 성관계가 성적 자기결정권을 침해한 것인지, 아니면 합의 하에 이루어진 것인지를 보여주는 객관적인 증거라고 할 수가 있겠습니다. 성관계 영상을 촬영하는 것, 이것은 법적으로 금지된 행위입니다. 그렇기 때문에 그런 행동은 하시면 안 되고요. 그래서 성관계 당시 상황을 음성으로 녹음해서 이를 증거로 제출하는 분들이 있습니다. 그런데 제가 경험적으로 그 음성파일을 직접 들어보게 되면 그 녹음하신 본인의 생각과는 달리 명백한 성범죄의 증거로 해석될 수 있는 경우들도 있어서 섣불리 속단해서 자신이 무고에 해당된다고 판단하는 일이 없도록 하셨으면 좋겠습니다. 오늘 성범죄 무죄사건, 무혐의 사건에 대해서 다뤄보고 있는데요. 이런 사건을 실제로 겪는다면 증거확보가 무엇보다 가장 중요하겠죠? 변호사님께서는 법적으로 어떤 도움을 주실 수 있겠습니까?

법적 대응과 조력

전성배 예기치 못한 상대방의 성범죄 주장으로 인하여 난처하게 되었다면, 우선 고소인뿐만 아니라 고소인과 관련된 사람들의 통화녹음이나 문자나 카카오톡 메시지 같은 대화내용은 지우지 마시기 바랍니다. 앞에서 말씀드렸듯이 성범죄 사건의 특성상 사건 발생의 구체적인 정황은 고소인과 피고소인만 알 수밖에 없습니다. 그렇다면 피고소인 진술의 신빙성을 확인받기 위해서는 이 고소인과 피고소인과의 대화내용이 중요해질 수 있습니다. 이를 토대로 변호사와 함께 당시 사실관계를 정리하는 것이 큰 도움이 될 것입니다.

이승우 구체적인 사실관계를 누가 지배하느냐에 따라서 성범죄의 공방의 우위를 누가 점하는지에 대한 내용이 정리되는 것 같습니다. 또 이런 내용 자체가 두 사람 사이의 대화도 있겠지만, 두 사람 이외에 친구들과 주고받았던 카카오톡 대화, 그리고 통화녹음과 같은 제3자와의 대화내용들도 상당히 중요한 진술증거 또는 객관적인 증거로 확보가 되는 경우가 많이 있는 것 같습니다.

방송일 : 2022년 6월 16일 (목요일)
#성범죄 #성폭력 #무혐의처분 #손해배상

27

SNS로 접근해 돈 뜯어내는 '로맨스스캠'

로맨스스캠

진행 : 이승우 변호사
대담 : 우지원 변호사

(1) 오늘의 주제

이승우 변호사(이하 이승우) 오늘의 주제는 'SNS' 관련 사건입니다. 보이스피싱을 영어권에서는 '스캠'이라고 부릅니다. 조직적 비대면 범죄인 스캠범죄 중 남녀 간의 관계를 이용한 사기, 해킹범죄에 대해서 법무법인 법승의 우지원 변호사와 알아보겠습니다. 변호사님, 안녕하세요?

우지원 변호사(이하 우지원) 네, 안녕하세요.

이승우 미국에서는 최근 1년 사이 로맨스스캠 범죄가 2배 이상 증가했다고 하는데, 우리나라는 상황이 어떤가요?

우지원 최근 파병군인이나 의사를 사칭하여 6개월간 피해자 24명에게 총 16억 7천만 원을 가로챈 국제사기조직 일당 10명을 구속한 사건이 있었습니다. 과거와 달리 세상이 점차 빠르게 변화하면서 개인주의적 성향이 짙어진 이래로 SNS를 통해 불특정 다수에게 접근하여 지속적으로 대화를 이어가다 환심을 사서 금원을 편취하는 일이 빈번히 발생하고 있습니다. 최근 나날이 발전해가고 있는 로맨스스캠 범죄 수법과 이에 대한 피해자에서 어떻게 가해자로 전환되는지에 대해 살펴보고, 본인이 만약 사건에 연루되었을 때의 대처방안에 대해 살펴보는 시간을 갖겠습니다.

이승우 SNS나 채팅어플로 억대 피해금액이 발생하는 게 이해가 쉽지 않을 수도 있는데요. 로맨스스캠 범죄가 어떻게 이루어지는지 과정별로 설명해주시죠.

사건 설명

로맨스스캠 범죄는 주로 SNS를 통해 해외 파병군인이나 해외 거주 전문직을 사칭하며 친분을 쌓은 뒤 해외 배송료나 항공료, 통관비용 등의 명목으로 돈을 뜯어내는 사기수법을 말한다. 로맨스스캠 범죄 조직원들은 통상 SNS를 통해 불특정 다수에게 메시지를 보내 자연스럽게 친분을 만들고 싶은 것처럼 행동하고, 주로 위 조직원들이 해외에 거주하는 외국인인 경우가 많아 번역프로그램을 이용하여 대화를 진행하기에 대화내용을 보면 누가 봐도 한국말이 서툰 티가 나는 것이 특징이다.

그렇게 보낸 다수의 메시지 중에 답장이 온 사람이 있으면 그때부터 친분을 쌓기 위해서 먼저 프로필 사진의 외모를 칭찬한다던가, 여러 가지 소소한 개인적인 질문을 던지며 그 대답에 무조건 긍정적인 반응을 보여준다. 이는 마치 피해자에게 '나는 당신 인생에서 특별하고 위안이 되는 존재야'라는 인식을 계속 심어주어 피해자가 자신의 부탁을 거절하지 못하게 만들기 위해서다.

로맨스스캠 범죄 조직원들은 피해자가 자신들에게 본인의 감정을 터놓고 이야기하며, 특히 개인의 내밀한 영역에 해당하는 사적 이야기를 스스럼없이 이야기하는 수준에 오게 되면 그때부터 '사실, 내가 미군에 소속된 의사인데 예멘에 있다. 근데 당신을 만나서 한국에 살고 싶은데 예멘을 떠나려면 탈출비용으로 한화 1억 원이 드는데 지금 5천만 원이 부족하다', '내가 국경없는의사회 소속 의사인데 의료장비를 놔두고 갈 수가 없다. 당신과 함께 살려고 한국으로 가려 하는데 항공료와 통관비용으로 한 3천만 원을 빌려줄 수 있냐'와 같은 이야기를 하면서 자신의 힘든 사정을 이야기하기 시작한다.

피해자들은 이미 혼자 외로운 상태에서 1달 내지 2달 넘게 매일 로맨스스캠 범죄 조직원들과 대화를 나누면서 이미 사랑에 빠지게 되고, 마치 '이 사람을 놓치면 다시 또 난 혼자가 될 거야', 혹은 '이 사람을 알게

> 된 것은 운명이야'라는 자기 암시에 빠지게 된다. 이런 까닭에 일반인이 봤을 때는 로맨스스캠 범죄 조직원들의 말이 의심스러우나, 피해자들이 봤을 때는 오히려 '사랑하는 사람이 이렇게 힘이 드는데 도움이 돼줘야겠다'고 생각에 빠져 의심을 할 수 없게 된다.

이승우 범죄 조직원들은 주로 해외에 거주할 텐데, 피해자에게서 돈은 어떻게 받아내나요?

우지원 상당히 특이한 부분인데요. 로맨스스캠 범죄 조직원들은 피해자가 금전적으로 도와주겠다는 의사를 표현하는 순간 외국에 있어 원활하게 도움을 받으려면 비트코인으로 보내줘야 한다고 하면서 비트코인을 원활하게 보낼 수 있게끔 비트코인 계좌 개설방법 등을 상세히 설명해줍니다. 피해자들의 경우를 살펴보면 편취당한 회수는 1회에 그치는 경우는 거의 없고, 로맨스스캠 범죄 조직원들은 피해자들이 동원할 수 있는 금원이 전부 소진될 때까지 계속 갖가지 핑계를 대며 돈을 빌려줄 것을 요구합니다. 피해자들의 주 성별은 여성이 대부분이고, 연령대는 20대부터 60대까지 다양하게 분포되어 있으며, 정말 안타까운 사실은 당초 넉넉한 경제 형편이 아닌데도 제3금융권 대출 및 카드론까지 이용하여 위 범죄 조직원들에게 속아 돈을 보내주기에 나중에 신용불량자가 되시는 경우도 많다는 점입니다.

이승우 로맨스스캠 범죄의 피해자가 가해자로 바뀌는 경우도 있다고 하는데, 어떻게 그게 가능한 거죠?

우지원 로맨스스캠 범죄의 특이점일 수 있습니다. 처음에는 로맨스스캠 범죄 조직원들의 기망에 속은 피해자였다가 본인이 가용할 수 있는 금원을 다 위 조직원들에게 편취당하면 그 후로부터 로맨스스캠 범죄 조직원들의 범행을 용이하게 도와주었다는 이유로 사기죄의 방조범이 된다는 점입니다. 로맨스스캠 범죄 조직원들은 피해자들로부터 가용할 수 있는 금원을 다 편취하였다고 판단되면 피해자들에게 '다행히 한국에 있는 친구들이 나를 도와주기로 했다. 내가 지금 한국 계좌가 없어서 당신 계좌로 돈을 입금받을 수 있게 해주겠냐? 그럼 그 돈을 내게 보내달라', '한국에 있는 의사 친구들이 나를 도와주기로 했다. 아마 입금 명의가 여자일 텐데 친구 와이프가 보내준 거니 그거 받으면 내게 보내달라'고 부탁을 합니다.

이승우 보이스피싱의 전달책과 비슷하게 되는 것이네요.

우지원 그렇죠. 거의 비슷합니다. 그리고 피해자들로서는 이미 자신이 사랑하는 사람을 위해 더 도움이 되고 싶다는 마음뿐이고, 더 도와주고 싶은 마음에 위와 같은 요청에 응하거나 혹은 사기를 당했다는 사실을 알아차렸지만 이미 경제적으로 돌아오는 대출을 막기가 버거워 어느 정도 돈을 받는 조건으로 요청에 응하는 경우도 있습니다.

이승우 이렇게 돈을 중간에서 전달하는 역할만 해도 처벌을 받게 되나요? 어느 정도 처벌을 받게 되는지도 설명해주시죠.

우지원 법원에서는 로맨스스캠 범죄의 경우 로맨스스캠 범죄 조직원들의 사기범행을 용이하게 도운 것으로 보아 사기죄의 방조범으로 처벌을 하고 있습니다. 다만, 보이스피싱 범죄 현금수거책 역할의 경우 현재는 사기죄로 처벌하고 있으나 초기에는 사기죄의 방조범으로 처벌한 전례가 있는 만큼, 로맨스스캠 범죄의 경우도 매스컴을 통해 일반 대중들에게 널리 알려진다면 그 처벌의 정도가 중해질 여지도 있습니다.

법적 대응과 조력

이승우 오늘 '로맨스스캠 범죄'에 대해 법적으로 얘기 나눠봤는데요. 마지막으로, 관련해서 법적 조언을 해주신다면요?

우지원　만약 SNS를 통해서 알게 되었고, 금원을 요구하는 두 가지 상황에 마주하게 된다면 일단 그 인적 관계를 단절하실 필요가 있고, 이미 금원을 보내신 이후라도 가까운 법무법인이나 변호사의 조력을 통해 피해자에서 가해자로 전화되는 일만은 막을 수 있도록 노력하는 것이 중요하다고 사료됩니다.

방송일 : 2023년 5월 16일 (화요일)
#로맨스스캠 #채팅어플 #SNS #범죄 #변호사

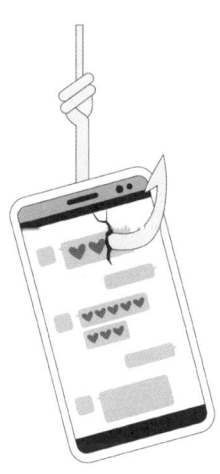

28

아직도 갈 길 먼 동물보호법

동물학대

진행 : 이승우 변호사
대담 : 최지영 변호사

(1) 오늘의 주제

이승우 변호사(이하 이승우) 오늘의 주제는 '동물보호법' 관련 내용입니다. 동물보호법은 우리가 우리 스스로를 보호하는 법이기도 합니다. 쉬운 짐작과는 달리, 사람은 경제적으로 어려워지고, 사회적으로 고립되거나, 몸이 아플수록 오히려 반려동물을 키우고 싶고, 키우던 반려동물을 더욱 사랑하고 더 중요하게 여기게 된다고 합니다. 반려동물을 본인과 세상을 이어주는 유일한 감정의 통로, 공감의 통로라고 여기기 때문이라고 하는데요. 오늘 청취자 여러분들과 함께 저도 이해와 공감의 마음을 가지고 법무법인 법승 인천사무소의 최지영 변호사와 동물보호법에 대해서 알아보겠습니다. 변호사님, 안녕하세요?

최지영 변호사(이하 최지영) 네, 안녕하세요.

이승우 저는 좀 게을러서 반려동물을 키우지는 못하고 있는데, 변호사님 주변에 반려동물을 키우는 분들이 많은 편이신가요? 변호사님은요?

최지영 네, 저도 부지런하진 못하지만 현재 13살 된 강아지, 그리고 5살, 3살, 1살 된 고양이를 키우고 있습니다.

이승우 부지런하신 것 아닌가요?

최지영 제가 반려동물을 키우다 보니까 관심이 많아서인지, 아니면 요즘 들어서 반려동물과 생활하는 가구 수가 실제로 더 많아져서인지 최근 확실히 제 주변에서도 반려동물을 키우는 분들을 많이 보게 되는 것 같습니다.

이승우 동물보호법에 대한 얘기가 계속 나오는 게 아무래도 동물학대가 이어지기 때문이겠죠?

최지영 네, 맞습니다. 별다른 이유 없이 강아지나 고양이 등의 동물에게 가학적인 행동을 하거나 결국 그 결과 동물을 죽이거나 상해를 입히는 등의 '동물학대 사건'에 대한 소식은 너무나도 빈번히 들려오고 있고, 그렇게 다른 사람에게 발견

되지 않거나 기사화되지 않는 사건들까지 합하면 우리 주변에는 실로 엄청난 수의 동물들이 학대를 당하고 있을 것으로 생각됩니다. 최근에는 10대 등을 중심으로 익명 채팅방을 통해 동물학대 사진이나 영상을 올리는 이른바 '동물학대 N번방'이라 불리는 행태가 기승을 부리고 있다고도 합니다.

이승우 저희 사건파일에서도 다뤘지만, 동물학대가 다른 범죄로 이어질 수 있기 때문에 더 심각하게 바라봐야 할 문제 같아요.

최지영 일부 전문가들도 크게 문제가 된 연쇄살인 사건의 범인이나 총기난사 사건의 범인들이 유년 시절 동물을 학대하는 성향을 보였다는 점을 거론하면서 동물학대가 행위자의 가학적인 성향을 키워, 나아가 사람에게까지 해를 끼칠 수 있다고 이야기를 하고는 합니다. 하지만 제 개인적인 의견으로는 인간에게 해를 끼칠 수 있느냐의 여부를 떠나서 동물학대 행위는 생명을 가진 존재, 특히나 스스로를 보호할 수 없고, 지킬 수 없는 존재를 학대하는 행위라는 점에서 그 자체로 중하게 다뤄져야 할 범죄라고 생각합니다.

이승우 네, 그러면 현행 동물보호법이 어떻게 되어있는지부터 살펴볼까요?

최지영 현행 동물보호법은 제8조에서 '누구든지 동물에 대하여 다음 각 호의 행위를 하여서는 아니 된다'고 규정하면서 동물학대의 몇 가지 행위를 명문으로 규정하고 있습니다. 여기에는 '잔인한 방법으로 죽음에 이르게 하는 행위', '노상 등 공개된 장소에서 동물을 죽이거나 같은 종류의 다른 동물이 보는 앞에서 죽음에 이르게 하는 행위', '정당한 사유 없이 동물을 죽음에 이르게 하는 행위', '도구, 약물 등 물리적, 화학적 방법을 이용하여 상해를 입히는 행위', '오락, 유흥 등의 목적으로 동물에게 상해를 입히는 행위', '정당한 사유 없이 신체적 고통을 주거나 상해를 입히는 행위', '유실 또는 유기 동물이나 피학대 동물 중 소유자를 알 수 없는 동물을 포획하여 판매하거나 죽이는 행위 및 판매 및 살해의 목적으로 포획하는 행위', '동물을 유기하는 행위'가 포함되어 있습니다. 동물보호법은 이상의 학대행위를 한 자에 대하여 벌칙규정을 두고 있는데, 동물을 학대하여 죽음에 이르게 한 자에 대하여는 3년 이하의 징역 또는 3천만 원 이하의 벌금에 처한다고 규정하고 있고, 동물을 학대하여 상해를 입히고, 유실 또는 유기동물 등을 포획하여 죽이거나 그러한 목적으로 포획하는 행위를 한 자에 대하여는 2년 이하의 징역 또는 2천만 원 이하의 벌금에 처하도록 규정하고 있습니다.

이승우 사회 일각에서 동물보호법의 가장 큰 문제점으로 '처벌 수위'를 지적하고 있는데요. 실제 처벌이 어떻게 이루어지고 있길래 이런 지적이 나오고 있는 건가요?

최지영 우선은 현행 동물보호법의 법정형 자체가 지나치게 가볍다고 할 수 있습니다. 사람의 신체나 생명도 아닌 재산을 보호법익으로 하는 절도도 형법상 그 법정형이 징역형의 경우 6년 이하로 규정되어 있습니다. 이에 비한다면 동물의 경우 학대로 죽어도 3년 이하, 학대로 심각한 상해를 입어도 2년 이하의 법정형에 불과하다는 것이 얼마나 터무니없는 형량인지 알 수 있습니다.

이승우 이렇게 말씀을 하면 어떤 사람들은 '육식을 하는 사람들도 처벌돼야 하는 것 아니냐' 이런 얘기도 하는데, 이건 구별을 어떻게 해야 할까요?

최지영 현행 동물보호법 자체가 학대행위로 정하고 있는 것이 식용을 위한 도축 외에 불필요하게 동물에게 고통이나 상해를 가하는 것으로 규정하고 있기 때문에요. 그거랑은 현재로서는 조금 다르게 봐야 하는 부분이 아닌가 생각합니다.

이승우 실제 동물학대에 대한 법원의 형량도 낮은 상태에 있습니까?

최지영 네, 맞습니다. 실제 법원에서 내려지고 있는 동물학대 범죄에 대한 형량도 매우 낮은 실정입니다. 2021년 법원은 길고양이, 토끼 등의 동물에게 화살을 쏘거나 목을 자르는 등의 극히 가학적인 동물학대 행위를 일삼은 일명 '고어전문방' 사건의 피고인에 대하여, 피고인이 초범인 점과 나이가 어리다는 점, 현재는 동물보호 활동을 하고 있다는 점을 이유로 들며, 징역 4개월 및 벌금 100만 원의 집행유예를 선고하였습니다. 비단 이 사건뿐 아니라 대부분의 동물학대 범죄에 대하여 법원은 벌금형 또는 집행유예를 선고하는 데 그치며 솜방망이 처벌을 이어가고 있습니다.

이승우 오늘 '동물보호법의 문제점'에 대해서 법적으로 얘기 나눠봤는데요. 마지막으로, 관련해서 법적 조언을 해주신다면요?

최지영 매번 사건내용을 듣기도 힘들 정도로 심각한 동물학대 범죄가 기사화되고 이슈화될 때마다 '동물학대 범죄에 대한 처벌을 강화해야 한다'는 의견이 나오고 있습니다. 그러나 그에 맞게 합당한 처벌이 이루어지고 있는지는 여전히 의문입니다. 2021년 7월 19일 법무부는 민법에 제98조의2 '동물은 물건이 아니다'라는 조문을 신설한다는 입법예고를 하였고, 같은 해 10월 개정안을 발의하였습니다. 이 개정안은 국회에 계류 중이었으나, 최근 여야의 합의 따라 곧

통과되어 시행될 수 있을 것으로 보입니다. 이에 따라 민법상 '물건'으로 분류되었던 동물이 독자적인 민법상의 지위를 얻게 될 것으로 보입니다.

이승우 결국은 손해배상 범위가 크게 달라지는 문제로 치닫게 될 것 같은데요. 실제로 동물에 대한 공격행위가 형사처벌 받는 문제를 떠나서 그와 같은 행위로 인해서 발생되는 정신적 피해, 정신적 위자료의 문제로 가게 될 것 같다는 생각이 드는데요. 이게 법적으로 굉장히 의미가 있는 변화이긴 한데, 추가적으로 필요한 것들이 있을까요?

최지영 우선은 동물이 더 이상 물건이 아닌 독자적인 존재로 인정받는 조항이 생긴 것뿐이어서 동물이 다치거나 죽었을 때 그 소유주에 대한 위자료 등을 산정하는 조항에 대해서는 새로운 신설 조항들이 생겨나야 하지 않을까 생각합니다.

이승우 단순한 소유객체가 아니다. 같이 살아가는 존재라는 의식을 가져야 한다. 이런 내용에 대해서 생각해보는 시간을 가져야 할 것 같습니다. 네, 오늘 말씀 고맙습니다. 지금까지 최지영 변호사와 함께 했습니다.

방송일 : 2023년 5월 11일 (목요일)
#동물학대 #동물보호법 #동물법

29

여수 졸음쉼터 살인사건의 미스터리

여수 살인사건

진행 : 이승우 변호사
대담 : 성지현 팀장

(1) 오늘의 주제

이승우 변호사(이하 이승우) 오늘 열어볼 사건파일은 '여수 졸음쉼터 살인사건'입니다. 졸음쉼터 살인사건의 가해자는 성인 남자인 두 명의 피해자들에게 회생파산 절차가 불가능하다고 믿게 만들었습니다. 그 이후 더 강력한 심리적인 지배상태를 만들어 나갔고, 결국 서로 죽음에 이르도록 만들었지요. 오늘은 가해자가 악용하였던 피해자들과 관련된 회생파산 절차에 대해서 하나 하나 제대로 살펴보도록 하겠습니다. 문제된 회생절차와 관련된 내용을 법무법인 법승의 성지현 팀장과 함께 알아보겠습니다.

실제 사건

이씨는 4년 전 지인관계인 안씨와 김씨가 연인에게 카드를 빌려주고 사용하게 하면서, 억대의 빚을 지게 된 사정을 알게 됐다. 채권추심정보사와 변호사 사무실에서 근무했었던 경력을 이용하여 변호사 사무장을 사칭하며 금품을 뜯어낼 계획으로 둘에게 법률정보를 제공하며 가까워졌습니다. 이씨는 둘에게 소송비용, 차량 구입비용 등 최소 4억 5,000만 원의 빚을 허위로 만들고 '갚으라'고 요구하며 안씨와 김씨의 개인회생과 파산면책이 불가능하다고 믿게 만들었다. 안씨와 김씨는 2금융권에서 대출을 받아 빚 일부를 갚기도 했으나 급기야 이씨는 올 6월 말부터 차량에서 숙식하면서 빚을 갚을 방법을 강구하라고 요구했고 '상대방이 잠들면 돌로 허벅지를 때리라'는 지시를 했다.

이승우 오늘 팀장님과는 개인회생과 파산면책 부분에 집중해볼 건데요. 우선 김씨와 안씨가 개인회생 절차를 진행하였었는데, 개인회생을 신청할 때 통상적으로 어느 정도의 비용이 발생하나요? 채무는 1억 3천만 원 정도이고, 신용카드 연체채무와 대부업체로 구성되어 있고, 소득은 350만 원 정도 발생한다고 한다면, 개인회생에 들어가는 비용은 얼마 정도 발생할까요?

성지현 추가적으로 발생하는 부채증명 등 발생비용은 별도로 하고, 변호사 선임비용은 250~350만 원 정도 책정됩니다.

이승우 개인회생 신청 후에 진행되는 절차는 어떻게 되나요?

성지현 먼저 변호사 상담이 이뤄집니다. 그리고 변제율을 결정하고, 회생신청서를 작성해 제출합니다. 그다음 법원 중지, 금지 명령결정 후 보정단계를 거쳐 회생절차개시 결정이 나옵니다. 채권자 집회에 1번 정도 참석 후 폐지 또는 인가 결정이 이뤄지게 됩니다.

이승우 사건의 피해자들은 회생절차 중에 문제가 생겨 폐지되었는데, 이렇게 되면 어떤 문제가 생기는 거죠?

성지현 폐지결정이 확정된 후부터 금지 또는 중지되었던 강제집행은 진행 및 속행되고 추심은 다시 진행됩니다. 또한 판결 권원이 없더라도 개시결정 이후 절차가 폐지된 이후에는 채권자표에 기재되어 있는 채권자는 확정판결과 동일한 효력이 있어 강제집행이 가능합니다.

이승우 개인회생이 정상적으로 진행될 경우, 신용회복까지는 보통 어느 정도 시간이 걸리나요?

성지현 개인회생은 원칙적으로 36개월 변제이고, 60개월까지 변제신청이 가능합니다. 변제계획에 따라 모두 변제한 후에 면책결정이 됩니다. 면책결정 후 2주 후에 확정되면 3개월 이내로 은행연합회에 통지되고, 공공기록이 삭제되면 신용회복이 되었다고 봅니다.

이승우 그렇다면, 이 사건의 피해자들은 이씨의 가스라이팅과 사기행각이 없었다면 개인회생이 가능한 케이스인가요?

성지현 네, 맞습니다.

이승우 오늘 성 팀장님 오셨으니, 개인회생 관련 질문 더 드려볼게요. 채권추심기관이나 사무장들이 말하는 '사해행위'란 무엇이고, 사해행위의 대표적인 행위로는 어떠한 것들이 있나요? 어떤 처벌을 받게 되죠?

성지현 개인회생에 관련하여 채무자와 협의하여 고의적으로 재산을 숨기는 행위를 대부분 사해행위라고 합니다. 개인회생에서는 채무자의 재산을 다른 사람 명의로 취득하거나 채무자의 소득을 임의적으로 적게 신고하고 별도로 현금으로 지급받는 경우를 사해행위로 봅니다. 개인회생에서 사해행위가 있을 경우에는 사건의 기각사유, 폐지사유, 면책취소 사유는 되지만 통상적으로는 실무적으로 변제금액을

이승우 　상향 조정하여 절차를 진행합니다.

이승우 　가족의 계좌나 타인의 계좌를 사용하여 급여를 지급받는 것이 사해행위가 되나요?

성지현 　가족의 계좌를 사용하는 것은 개인회생에 관련하여 사해행위에 해당되지 않습니다. 개인회생을 진행하시는 분들은 통상적으로 채무가 많으신 분들입니다. 본인 계좌를 사용하기가 어렵기 때문에 타인계좌를 이용하여 소득을 지급받아 사용하시고, 개인회생신청을 하면서 금지결정을 신청하여 받으신 후에 본인 계좌를 개설하여 급여를 입금받고 본인 계좌를 사용합니다. 단, 이를 숨겨서는 안 됩니다.

이승우 　네, 오늘 말씀 고맙습니다. 지금까지 성지현 팀장과 함께 했습니다.

방송일 : 2023년 11월 13일 (월요일)
#여수졸음쉼터 #살인사건 #가스라이팅 #파산 #회생

30

허벅지에 돌을 쾅,
여수 졸음쉼터 살인사건

변호사 선임

진행 : 이승우 변호사
대담 : 김낙의 변호사

(1) 오늘의 주제

이승우 변호사(이하 이승우) 오늘 열어볼 사건파일은 '여수 졸음쉼터 살인사건'입니다. 변호사가 아닌 사람이 법률사안을 상담하고, 돈을 받는 행위는 변호사법 위반행위로 처벌을 받게 됩니다. 변호사 선임에 대해서 중간에서 브로커로서 일을 하면서 돈을 버는 사람들이 있습니다. 소개비를 받고 착수금을 나누어 갖기도 합니다. 법으로 금지된 행위를 하였던 여수 졸음쉼터 살인사건 가해자의 위법행위에 대해서 법무법인 법승의 김낙의 변호사와 알아보겠습니다. 안녕하세요, 변호사님?

김낙의 변호사(이하 김낙의)   안녕하세요.

이승우   저희가 계속해서 이 사건을 다양한 측면에서 분석하고 있는데요. 오늘은 실무적인 변호사 선임에 대해 알아보겠습니다. 가해자 이씨가 피해자들에게 소송비용 명목으로 막대한 빚을 지게 만들었잖아요? 법과 재판에 대해 잘 모른다면 이렇게 속을 수 있을까요? 본격적으로 변호사 선임에 대한 질문을 드릴게요. 변호사들은 별도로 출장비를 받나요? 받는다면 어떠한 경우에 받나요?

김낙의   처음 변호사 선임 시 계약의 내용에 따라 변호사들이 출장비를 받는 경우도 있습니다. 형사사건의 경우 피의자 조사를 받게 될 경우 변호사가 조사 시 동행하길 원하는 경우 출장비를 받기도 하며, 원거리 재판의 경우 처음 착수금으로 적은 보수를 받는 대신 재판 출정 시마다 출장비를 받기도 합니다.

이승우   소송을 진행하면서 사실조회나 진술서 작성이 필요할 때가 있는데, 이럴 때 변호사들은 착수금 외에 별도의 보수를 받는 건가요?

김낙의   사실조회는 법원을 통해서 하는 소송에서의 증거수집 절차로 재판과정에서 변호사의 업무범위에 당연히 속하며,

진술서는 소송당사자 또는 제3자가 자신의 의사 및 사실관계를 작성한 서면이므로 변호사들이 착수금 이외에 별도로 보수를 받을 성질의 것들은 아닙니다. 실제 사실조회나 진술서 작성의 대가로 별도의 보수는 받는 경우는 거의 없으며, 들어본 바도 없습니다.

이승우   녹취록이 필요할 때도 있는데, 녹취록 작성비용은 평균적으로 어떤가요?

김낙의   녹취록은 녹음된 자료를 소리나는 대로 적은 문서를 말하며, 보통 속기사 자격증이 있는 사람이 작성한 녹취록이 소송 등의 자료로 사용됩니다. 녹취록 작성비용은 보통 녹음된 분량에 따라 달라지고, 5분 정도 길이 분량의 작성비용으로 5만 원 정도이며, 음질, 사투리 등의 사용에 따라 비용이 달라지기도 합니다.

이승우   필적감정 비용은 보통 어느 정도 되나요?

김낙의   필적감정 시 선정된 감정사가 법원에 비용 산정서를 보내오면 그 비용이 필적감정 비용으로 되는 것이므로 사안마다 다르며, 통상 50~100만 원 정도 선입니다.

이승우   여수 졸음쉼터 사건에서 핵심이 되는 부분이 바로 '사칭문제'인데요. 실제로 사칭을 통해 사기사건이 많이 벌어지고 있잖아요? 사례를 하나 소개해주시죠.

> **실제 사건**
>
> A씨는 수회 형사사건으로 입건되어 조사받고 형사처벌을 받으면서 알게 되었거나, 인터넷 검색 등을 통하여 얻은 약간의 지식을 활용하여 변호사인 것처럼 행세하던 중 인터넷 포털 사이트 지식인란에 올라온 피해자의 도움 요청글을 보고 변호사라고 사칭하여 답글을 게시하여 변호사인 듯 행세한 다음, 전화로 피해자에게 '나는 AA법대 및 서울중앙지검 출신 인권변호사로 전향하여 B법무법인에 소속 변호사로 근무하고 있다'라고 소개한 뒤, 수사기관에 신고하는 방법과 경찰에서 조사받는 방법, 합의금 받는 방법 등에 대하여 자문하여 주고, 자문료이자 수고비 명목으로 약 1,000만 원을 송금받아 편취하고 징역 4개월을 선고받았다.

이승우 오늘 '변호사 선임'과 관련된 얘기를 나눠봤는데요. 청취자분들 중에 변호사 선임에 대한 막연한 걱정을 가지신 분들이 계실 것 같은데, 이분들에게 도움이 되는 조언을 해주신다면요?

김낙의 어떤 변호사를 선임해야 되는지 고민이 많으실 거라고 보입니다. 비용을 많이 지불할수록 유능하게 일처리를 잘해줄 것이라는 막연한 기대보다는 변호사와 충분한 상담을 통해서 과연 나와 교감하여 일을 할 수 있는 변호사인가 이것이 중요합니다.

방송일 : 2023년 11월 14일 (화요일)
#여수졸음쉼터 #살인사건 #가스라이팅 #범죄 #변호사선임